ADOÇÃO

Dados Internacionais de Catalogação na Publicação (CIP)
(Câmara Brasileira do Livro, SP, Brasil)

Ferreira, Luiz Antonio Miguel
Adoção : guia prático doutrinário e processual com as alterações da Lei n. 12010, de 3/8/2009 / Luiz Antonio Miguel Ferreira. -- São Paulo : Cortez, 2010.

Bibliografia
ISBN 978-85-249-1673-1

1. Adoção - Leis e legislação - Brasil I. Título.

10-12424 CDU-347.633(81)(094)

Índices para catálogo sistemático:

1. Brasil : Leis : Adoção : Direito civil 347.633(81)(094)
2. Leis : Adoção : Brasil : Direito civil 347.633(81)(094)

Luiz Antonio Miguel Ferreira

ADOÇÃO

Guia prático doutrinário e processual com as alterações da Lei n. 12.010, de 3/8/2009

1ª edição

1ª reimpressão

CORTEZ EDITORA

ADOÇÃO: Guia prático doutrinário e processual com as alterações da Lei n. 12.010, de 3/8/2009
Luiz Antonio Miguel Ferreira

Capa: Cia. de Desenho
Preparação de originais: Viviane Moreira
Revisão: Ana Maria Barbosa
Composição: Linea Editora Ltda.
Coordenação editorial: Danilo A. Q. Morales

Direitos para esta edição
CORTEZ EDITORA
Rua Monte Alegre, 1074 – Perdizes
05014-001 – São Paulo – SP
Tel.: (11) 3864-0111   Fax: (11) 3864-4290
E-mail: cortez@cortezeditora.com.br
www.cortezeditora.com.br

Impresso no Brasil — março de 2018

Sumário

PARTE III

Quadro comparativo da nova Lei de Adoção e o Estatuto da Criança e do Adolescente

PARTE IV

Roteiro de procedimentos para adoção

PARTE V

Legislação

Abreviaturas

ApCív	Apelação Cível
CC	Código Civil
CEsp	Câmara Especial
CESP	Câmara Especial de São Paulo
CSM	Conselho Superior da Magistratura
CF	Constituição Federal
CPC	Código de Processo Civil
Des.	Desembargador
ECA	Estatuto da Criança e do Adolescente
Jurisp.	Jurisprudência
JTJ	Julgados do Tribunal de Justiça / SP
MP	Ministério Público
Rel.	Relator
RT	Revista dos Tribunais
STJ	Superior Tribunal de Justiça
TJSP	Tribunal de Justiça do Estado de São Paulo
TJMG	Tribunal de Justiça de Minas Gerais
TJPB	Tribunal de Justiça da Paraíba
TJPI	Tribunal de Justiça do Piauí
TJRJ	Tribunal de Justiça do Rio de Janeiro
V.U.	Votação unânime

Apresentação

Ao receber o convite para apresentar a presente obra, devo confessar o sentimento de gratidão ao Criador que me invadiu. Pelo privilégio de acesso ao texto ainda inédito? Sim, sem dúvida. Mas, antes e acima de tudo, pela honra que tive de conhecer e conviver com o dr. Luiz Antonio Miguel Ferreira. O fato de ser membro respeitado e destacado do Ministério Público do Estado de São Paulo é reflexo da sua personalidade humanista e solidária, ética e idealista, preocupada com a sua parcela de responsabilidade na construção de uma sociedade justa e fraterna.

Este volume é um valioso trabalho fundamentado na recente Lei n. 12.010/09, restritivamente chamada "Lei da Adoção", mas que trouxe para a comunidade sensíveis transformações seja quanto ao conceito de família, como também em relação ao acolhimento de crianças e adolescentes e respectivos programas.

A presente obra se caracteriza pela objetiva clareza na abordagem do instituto da Adoção, enfocando requisitos, modalidades, ingressando na singularidade de cada qual, analisando com acurada sistemática desde a preparação psicossocial e jurídica dos pretendentes à Adoção, até competência e o rito procedimental, oferecendo ao leitor um texto fundamentado, objetivo, um instrumental indispensável e necessário para a elucidação de quaisquer dúvidas.

Com grande conhecimento e invejável técnica o autor aborda a importante participação da equipe interprofissional, cuja intervenção insubstituível no processo nos faz lembrar que o conceito de comunidade jurídica vem se ampliando em tempos de interdisciplinaridade. Nesse sentido, o ilustre desembargador do Tribunal de Justiça de São Paulo José

Renato Nalini, ao analisar a questão ética no século XXI, conclui que "participam da realização do direito não apenas os operadores clássicos — advogado, promotor e juiz —, mas uma série de outros profissionais: psicólogos, assistentes sociais, médicos, engenheiros, técnicos de uma sempre crescente relação de especialidades" ("A questão da ética: estamos atravessando uma crise?". In: Zimerman, David. *Aspectos psicológicos na prática jurídica*, Millenium, p. 81).

O humanismo com o qual são consideradas as partes envolvidas no *iter* da Adoção é uma das características do modo de ser e agir do autor, que se revela, por exemplo, na sequência de temas propostos à preparação dos pretendentes, entre os quais a motivação e a revelação, importantes momentos para os quais devem estar preparados de forma madura, consciente e dotados de discernimento para o êxito do processo educativo do adotando.

A grande importância da presente obra, seja para os operadores do Direito ou profissionais envolvidos com a matéria, como também para cidadãos que alimentem a expectativa de acolher uma criança como um novo nascimento ou um ato de amor, a coloca como paradigma a ser observado e consultado periodicamente, representando um inestimável contributo para a comunidade brasileira.

Concluindo, parece-nos oportuno recordar João Batista Villela, ao mencionar que "a desbiologização da paternidade, que é, ao mesmo tempo, um fato e uma vocação, rasga importantíssimas aberturas sociais. Em momento particularmente difícil, quando o mundo atravessa aguda crise de afetividade, e dentro dele o país sofre com seus milhões de crianças em abandono de diferentes graus e espécies, a consciência de que a paternidade é opção e exercício, e não mercê ou fatalidade, pode levar a uma feliz aproximação entre os que têm e precisam dar e os que não têm e carecem receber" ("Desbiologização da paternidade". In: *Programa de Atualização em Direito da Criança*, texto n. 6, ABMP).

São Paulo, setembro de 2010

Munir Cury
Procurador de Justiça aposentado do
Ministério Público do Estado de São Paulo

Notas do Autor

Com a vigência do Estatuto da Criança e do Adolescente — Lei n. 8.069, de 13 de julho de 1990, as questões envolvendo o instituto da adoção sedimentavam-se com as interpretações doutrinárias e jurisprudenciais a respeito. Representava um avanço significativo em face da legislação revogada,[1] assentando-se no princípio da proteção integral da criança e do adolescente. Posteriormente, com a entrada em vigor do novo Código Civil — Lei n. 10.406, de 10 de janeiro de 2002, mais uma vez o instituto da adoção sofreu algumas mudanças em sua estrutura, interferindo na dinâmica processual, posto que as duas leis passaram a regulamentar o tema: o Estatuto da Criança e do Adolescente e o Código Civil. Agora, nova alteração ocorreu em razão da vigência da Lei n. 12.010, de 3 de agosto de 2009, que modificou vários artigos do Estatuto da Criança e do Adolescente, proporcionando uma unificação legislativa e de entendimentos relativos à adoção.

Situações que já ocorriam na prática ou decorrentes de entendimento doutrinário e jurisprudencial sedimentado, bem como a adequação conceitual a respeito da adoção e suas implicações resultaram na referida lei, que alterou vários artigos, parágrafos e incisos do Estatuto da Criança e do Adolescente, que passou, novamente, a ser a lei específica a tratar da adoção. Assim, o instituto acabou sendo unificado, desaparecendo a dicotomia referente à adoção, que é única, variando alguns requisitos dependendo da situação do adotado, se for menor ou maior de 18 anos de idade.

1. Código Civil de 1916, Lei n. 3.133/57, Lei n. 4.665/65 e Código de Menores (Lei n. 6.697/79).

O trabalho que ora se apresenta busca analisar as modificações adequando-as à estrutura do Estatuto da Criança e do Adolescente, de modo a se tornar um guia prático de adoção, com abordagem doutrinária e processual a respeito do assunto. Temas como os requisitos dos adotantes, cadastro dos adotantes e dos adotados, preparação psicossocial dos pretendentes à adoção, acolhimento familiar e institucional, adoção por estrangeiro, por concubinos, póstuma, por ascendentes e descendentes, procedimento, intervenção do Ministério Público, são alguns dos itens analisados.

Para facilitar a compreensão das alterações proporcionadas pela Lei n. 12.010/09 no Estatuto da Criança e do Adolescente, apresenta-se um quadro comparativo entre o Estatuto da Criança e do Adolescente e a legislação que regulamenta a adoção.

No intuito de tornar mais fácil a atuação daqueles que militam na área menorista, sistematizaram-se, em quadros sinóticos, os procedimentos a serem utilizados, quando do pedido de adoção, dependendo da situação específica do adotado, ou de seus pais.

Espera-se, com este trabalho, contribuir para a reflexão sobre o instituto da adoção, que se mostra extremamente importante para os destinos de muitas crianças e adolescentes.

PARTE I

Introdução

1. Direitos fundamentais

Entre os fundamentos da República Federativa do Brasil, estampados no artigo 1º da Constituição Federal de 1988, encontram-se a cidadania e a dignidade da pessoa humana. Para a efetividade destes fundamentos, tratou o legislador constituinte de consignar capítulo específico, referente aos direitos e garantias fundamentais da pessoa humana, essenciais à manutenção da vida em sociedade.

Com a Constituição, as crianças e os adolescentes também foram reconhecidos como cidadãos e passaram a usufruir de todos os direitos ali consagrados. Passaram da situação de menor para a de criança cidadã e adolescente cidadão.

Estes direitos fundamentais, segundo o artigo 227 da Constituição Federal, são o direito à vida, à saúde, à alimentação, à educação, ao lazer, à profissionalização, à cultura, à dignidade, ao respeito, à liberdade e à convivência familiar e comunitária, que os coloca a salvo de toda forma de negligência, discriminação, exploração, crueldade e opressão.

Os responsáveis diretos pela efetivação desses direitos fundamentais são: a família, a sociedade em geral, a comunidade e o Estado, devendo agir de modo conjunto para conseguir tal fim.

É certo, ainda, que se criou um organismo na sociedade para a defesa direta desses direitos, o Conselho Tutelar, conferindo também legitimidade ao Ministério Público e às Associações legalmente constituídas, para promover as medidas judiciais para a sua garantia.

O Estatuto da Criança e do Adolescente, cumprindo o papel para o qual foi instituído, buscou regulamentar a efetividade desses direitos fundamentais, destinados à infância e à adolescência, garantindo meios legais e ações apropriadas para a sua realização, pormenorizando as medidas judiciais necessárias para sua concretização.

Dessa forma, verifica-se que o Estatuto não criou nenhum direito novo em benefício da criança e do adolescente, apenas os reconheceu como sujeitos de direitos, regulamentando o que já havia especificado o legislador Constituinte.

Entre os direitos fundamentais consagrados na Constituição encontra-se o da convivência familiar, onde o instituto da adoção acaba sendo reconhecido como uma das formas para a sua realização. Em outras palavras, a criança e o adolescente têm o direito a conviver em uma família, e há necessidade de se desenvolver políticas públicas, no âmbito federal, estadual e municipal, que venham a garantir tal direito. Por outro lado, o Poder Judiciário, Ministério Público, os Conselhos Municipais de Direitos e os Conselhos Tutelares, enfim, todos os integrantes do sistema de garantia de direitos devem ter sua atenção direcionada para essa consecução: viver em família.

O tema da convivência familiar já tinha sido tratado pelo Estatuto da Criança e do Adolescente, que apresentava algumas regras a serem seguidas para garantir a sua efetividade quanto à questão da família natural e substituta, do instituto da guarda, tutela e adoção. Agora, com a vigência da Lei n. 12.010/09, o direito à convivência familiar sofreu novas alterações, com o objetivo de deixar mais claro como deve ocorrer este direito. Assim, o direito à convivência familiar, garantido como direito fundamental da criança e do adolescente, deve ser assegurado através de políticas públicas, ações e medidas extrajudiciais e judiciais.

2. Direito à convivência familiar

Como decorrência da regra estabelecida no artigo 227, da Constituição Federal, impõe-se garantir como direito da criança e do adolescente a convivência familiar e comunitária. Quer significar que, como regra geral, devem ser criados e educados no seio de sua família biológica, ou seja, naquela ligada pelos laços de consanguinidade ou, na impossibilidade, pela família extensa ou ampliada, que é conceituada como aquela que se estende para além da unidade pais e filhos ou da unidade do casal, formada por parentes próximos com os quais a criança ou adolescente convive e mantém vínculos de afinidade ou afetividade. Essa conceituação se apresenta como uma das mudanças proporcionadas pela Lei n. 12.010/09 (art. 25, parágrafo único).

Como exceção a esta regra geral, a criança e o adolescente podem criar-se e educar-se em família substituta nacional, como medida de proteção, nas modalidades de guarda, tutela e adoção, tendo como característica principal a inexistência de vínculo biológico entre pai e filho.

Excepcionalmente, fugindo à regra geral e à sua exceção, a criança e o adolescente podem ainda ser criados em família substituta, por brasileiros residentes no exterior e, por fim, por estrangeiros, mas, somente na modalidade de adoção.

O objetivo da criação e educação da criança e do adolescente no seio de sua família (biológica ou substituta) é afastar a possibilidade de sua colocação em instituições de abrigos ou internatos, agora denominados instituição de acolhimento institucional, privando-os da convivência familiar, indispensável para o seu regular desenvolvimento. Este novo paradigma acarreta a mudança de postura das instituições existentes, que devem promover a convivência familiar, sem a segregação ou isolamento do assistido.

A família deve apresentar condições para o desenvolvimento sadio da criança e do adolescente, num ambiente livre da presença de pessoas dependentes de substâncias entorpecentes (ECA, art. 19), ou onde se verifique a hipótese de maus-tratos, opressão ou abuso sexual imposto pelos pais ou responsável (ECA, art. 130). Deve ser afastada toda situação que se mostre incompatível com o desenvolvimento digno, sadio e respeitoso da criança e do adolescente e que não lhe ofereça um ambiente familiar adequado.

Com um lar digno, não devem a criança e o adolescente ser alvos de discriminações relativas ao estado de filiação. O Estatuto da Criança e do Adolescente, repetindo a regra prevista no artigo 226, parágrafo 6º, da Constituição Federal, igualou, em direitos e obrigações, os filhos havidos, ou não, da relação do casamento, ou por adoção, proibindo a discriminação até então em vigor.

Isto porque o Código Civil de 1916 qualificava como filiação civil a que era derivada da adoção; filiação consanguínea legítima, a derivada de casamento válido, e filiação ilegítima, da relação sexual extramatrimonial. Denominavam-se naturais os filhos ilegítimos oriundos de relação extramatrimonial entre pessoas sem impedimento legal para o casamento e, espúrios, quando frutos de relação entre pessoas com impedimento legal. Estes, por sua vez, poderiam originar-se de uma relação adulterina, quando um dos pais, no momento da concepção, encontrava-se casado com terceira pessoa; ou filhos incestuosos, quando provenientes de relação sexual entre parentes próximos.

Com a vigência da Constituição de 1988 e o advento do Estatuto da Criança e do Adolescente, toda essa designação discriminatória, que acarretava desigualdades entre os filhos, no plano patrimonial[1] inclusive, acabou sendo proibida, não ocorrendo mais nenhuma distinção entre as filiações legítima, ilegítima e adotiva.

Ainda, dentro das normas gerais relativas ao direito à convivência familiar, o Estatuto da Criança e do Adolescente regulamentou o direito previsto no artigo 226, § 5º, e 229, da Constituição Federal, estabelecendo a igualdade do pai e da mãe em relação ao poder familiar que dele decorre quanto ao sustento, guarda e educação dos filhos. Igual disposição foi estabelecida no novo Código Civil (art. 1.631).

Não há mais a exclusividade do pai em relação ao poder familiar e, também, o seu exercício com a colaboração da mãe. Ambos devem exercer tal atribuição. No caso de dúvida, ou conflito entre os pais, quanto ao destino do filho, pode-se recorrer à autoridade judiciária para saná-la,

1. Foram derrogados os artigos 337 e 1.605, § 2º do Código Civil de 1916 que implicavam em restrição ao direito sucessório do filho adotivo.

sendo que, neste caso, deve-se ouvir o menor e considerar a sua opinião. Aliás, a oitiva da criança e do adolescente sofreu significativa alteração com a vigência da Lei n. 12.010/09, garantindo o seu direito de expressão e opinião. Neste particular, o Estatuto da Criança e do Adolescente e o Código Civil democratizaram a relação familiar, igualando os atores envolvidos, com adoção do princípio da isonomia no resguardo dos interesses dos filhos. Dentro do princípio adotado pela Lei menorista e civil, a solução dos conflitos entre os genitores deve ser aquela que melhor atenda ao interesse da criança ou do adolescente.

As hipóteses previstas para a perda e suspensão do poder familiar, no Código Civil, devem interpretar-se em conjunto com outras hipóteses apontadas pelo Estatuto da Criança e do Adolescente.

Assim, os pais *perderão o poder familiar* quando aplicarem castigo imoderado aos filhos, abandonarem-nos, praticarem atos contrários à moral e aos bons costumes, ou incidirem, reiteradamente, no abuso de sua autoridade, faltando aos deveres a eles inerentes (CC, art. 1.638); poderão ser *suspensos do poder familiar* quando abusarem da autoridade parental, faltando aos deveres a eles inerentes, ou arruinarem os bens dos filhos, ou forem condenados por sentença irrecorrível, em crime cuja pena exceda a dois anos de prisão (CC, art. 1.637), bem como, se não assumirem o dever de sustento, guarda, educação e a obrigação de cumprir as determinações judiciais (ECA, art. 22).

A falta ou carência de recursos materiais não se traduz em motivo para a suspensão ou perda do poder familiar, cuja solução para a preservação da família resume-se no encaminhamento dos pais, ou responsáveis, bem como da criança e do adolescente, a projetos sociais que diminuam a situação de risco detectada. O poder familiar deixou de ter relação direta com a situação econômica dos pais, não sendo motivo exclusivo para a perda ou sua suspensão.[2]

---

2. Cf. Julgado do Tribunal de Justiça de São Paulo: "Estado de miserabilidade não pode ser razão para impor a perda do direito de ter o filho sob responsabilidade. A perda do pátrio poder só se permite quando os pais descumpram, injustificadamente, seus deveres e obrigações por desídia, emulação e indignidade, tanto é assim, que o artigo 23 do ECA dispõe que a falta, ou carência de

Pelo Estatuto da Criança e do Adolescente estabeleceu-se o procedimento contraditório, para se decretar, judicialmente, a perda ou suspensão do poder familiar, conferindo legitimidade ativa ao Ministério Público, ou a quem tenha interesse para dar início ao processo. Os interessados na adoção ou tutela da criança ou do adolescente qualificam-se como legitimados ativos para o processo de destituição.

É certo ainda que, com as alterações sofridas, o Estatuto da Criança e do Adolescente também impôs a necessidade de se instalar o contraditório e a ampla defesa para as situações de afastamento da criança e do adolescente do convívio familiar, fixando a competência exclusiva do Poder Judiciário para a sua análise (ECA, art. 101, § 2º).

3. Família natural, família extensa ou ampliada e família substituta

O Estatuto da Criança e do Adolescente, em consonância com a regra estabelecida na Constituição Federal (artigo 226, § 4º), definiu *família natural* como sendo a comunidade formada pelos pais, ou qualquer deles e seus descendentes. As famílias legalmente constituídas, as provenientes de união estável e as monoparentais foram protegidas pela lei menorista, no afã de garantir-lhes a guarda da criança e do adolescente, como regra geral para sua criação.

Agora, a Lei n. 12.010/09, que regulamentou a adoção, também definiu o que vem a ser *família extensa ou ampliada* como aquela que se estende para além da unidade pais e filhos ou da unidade do casal, formada por parentes próximos com os quais a criança, ou o adolescente, convive e mantém vínculos de afinidade e afetividade.

Quanto à *família substituta*, estabelece o Estatuto da Criança e do Adolescente que a mesma ocorre nas hipóteses de guarda, tutela ou adoção. Trata-se de uma medida de proteção à criança e ao adolescente (ECA,

---

recursos materiais, não constitui motivo suficiente para a perda ou suspensão do pátrio poder" (Apelação Cível n. 19.192. Relator: Des. Ney Almada. 28/7/1994).

art. 101, IX) que somente pode ser efetivada quando se constatar que o menor se encontra em uma situação de risco pessoal ou social.

Por esta sistemática legal, pode-se concluir que a regra a ser seguida para a criação e a educação de criança e adolescente é a seguinte:

a) regra geral: que a criança e o adolescente se desenvolvam no seio da família natural;

b) exceção: na impossibilidade de a família natural poder desempenhar suas atribuições, a criança, ou o adolescente, deve ser colocada na família extensa ou ampliada, como modalidade de família substituta (guarda, tutela ou adoção);

c) excepcionalidade: sendo inviável a manutenção da criança na família natural ou extensa, será a mesma colocada em família substituta, sem qualquer vínculo de parentesco, mas que ofereça ambiente familiar adequado e tenha uma relação de afinidade ou de afetividade com a criança ou o adolescente. Pode-se concretizar esta colocação como guarda, tutela ou adoção.

d) Especificamente com relação à adoção, também se trata de medida excepcional (ECA, art. 39, § 1º), sendo que, primeiramente, deve ocorrer a consulta às pessoas ou casais habilitados à adoção e devidamente cadastrados pela Justiça da Infância e da Juventude. Em seguida, tem prioridade para a adoção os brasileiros residentes no exterior e, finalmente, a pessoa ou casal estrangeiro residente fora do Brasil.

Para oferecer garantia à formação da família natural, o Estatuto da Criança e do Adolescente (art. 26) estabeleceu que os filhos, independente da origem da filiação, poderão ser reconhecidos pelos pais, conjunta ou separadamente, no:

a) próprio termo de nascimento;

b) por testamento;

c) mediante escritura pública; ou

d) outro documento público.

A Lei n. 8.560, de 29 de dezembro de 1992,[3] ao regular a investigação de paternidade dos filhos havidos fora do casamento, estabeleceu que o reconhecimento dos filhos pode ocorrer nas hipóteses já estabelecidas pelo Estatuto da Criança e do Adolescente, acrescentando outras duas situações:

a) escrito particular, a ser arquivado no cartório;
b) manifestação expressa e direta, perante o juiz, ainda que o reconhecimento não haja sido o objeto único e principal do ato que o contém.

O Código Civil sintetizou a matéria (art. 1.609), estabelecendo que o reconhecimento dos filhos havidos fora do casamento poderá ser feito:

a) no registro de nascimento;
b) por escritura pública;
c) escrito particular a ser arquivado em cartório;
d) testamento, ainda que incidentalmente manifestado;
e) manifestação direta e expressa perante o juiz, ainda que o reconhecimento não tenha sido o objeto único e principal do ato que o contém.

A nova lei de adoção, preocupada com a situação de crianças e adolescentes sem a paternidade reconhecida, acrescentou algumas alterações no capítulo das medidas de proteção previstas no ECA visando o reconhecimento da filiação paterna. Estabeleceu que, constatada tal situação, deve-se dar início ao procedimento previsto na Lei n. 8.560/92, visando a notificação do suposto pai para o reconhecimento. Em caso de impossibilidade, que seja proposta a ação de investigação de paternidade, que somente é dispensável se a criança for encaminhada para adoção (ECA, art. 102, §§ 2º e 3º).

3. Esta lei sofreu duas alterações na questão referente à investigação de partenidade, por força da Lei n. 12.010/09 (art. 5º), no que diz respeito à dispensa do ajuizamento da ação quando a criança for encaminhada para adoção e da legitimidade de terceiro para intentar a ação de investigação de paternidade.

Quanto à colocação em *família substituta*, deve ser seguido o que estabelece o Estatuto da Criança e do Adolescente, observando tratar-se de medida de proteção à criança e ao adolescente (art. 101, IX) que somente pode ser efetivada através da guarda, tutela ou adoção, com a observação dos seguintes princípios:

1. A colocação independe da situação jurídica da criança e do adolescente, ou seja, pode estar sob o poder familiar regular dos genitores, ou em situação de risco pessoal e social, como nas hipóteses do artigo 98 do ECA (art. 28), em situação regular, ou irregular, como definia o Código de Menores revogado.

2. Oitiva da criança e do adolescente. Estabelecia o ECA que sempre que possível a criança e o adolescente deveriam ser previamente ouvidos e considerada a sua opinião (ECA, art. 28, § 1º). Com a nova lei de adoção esta sistemática mudou. Agora, sempre que possível, a criança e o adolescente serão previamente ouvidos pela equipe interprofissional, devendo ser respeitado o seu estágio de desenvolvimento e grau de compreensão. Quando se tratar de adolescente, o mesmo deverá ser ouvido em audiência judicial, para a colheita de seu consentimento. Esta regra, porém, já era obrigatória quando se tratava de adoção de adolescente (ECA, art. 45, § 2º), cujo consentimento é necessário. Conforme assevera Aoki (1992, p. 112) "a criança e o adolescente deverão sempre ser ouvidos, não se referindo esta possibilidade a atributo pertinente ao Juízo, ou à ocasião processual, mas à condição de a criança, ou adolescente, manifestar-se a respeito de ato que vai, diretamente, influenciá-lo dali em diante". O Juiz levará em consideração o posicionamento da criança e do adolescente, frente ao lar substituto, com atenção à sua idade e desenvolvimento psicológico, não ficando vinculado à vontade expressada. Trata-se de assegurar o direito previsto no artigo 16, II do ECA, quanto à liberdade de opinião e expressão. Ressaltou o legislador, nesta questão, a importância da equipe interprofissional, posto que atribuiu à mesma o encargo de atuar previamente, antes da intervenção do juízo, na oitiva da criança e do adolescente.

3. Observação do grau de parentesco e a relação de afinidade ou de afetividade entre a criança ou o adolescente, e os requerentes do pedido

de colocação em família substituta (ECA, art. 28, § 3º). O objetivo dessa regra é minorar as consequências da medida em face das crianças e dos adolescentes, servindo como princípio para se buscar a família ideal, no caso de existirem várias interessadas. Com a nova lei de adoção, esta regra, de forma expressa, passa a ter aplicação nos casos de tutela (ECA, art. 37, parágrafo único), revogando tacitamente a ordem de preferência estabelecida pelo Código Civil (art. 1.731), qual seja, dos ascendentes, preferindo o de grau mais próximo ao mais remoto; aos colaterais até o terceiro grau, preferindo os mais próximos aos mais remotos e, no mesmo grau, os mais velhos aos mais moços. Estabeleceu também que a tutela somente será deferida à pessoa indicada na disposição de última vontade, se restar comprovada que a medida é vantajosa ao tutelando e que não existe outra pessoa em melhores condições de assumi-la.

4. Oferecer à criança e ao adolescente ambiente familiar adequado, devendo ainda o interessado não apresentar nenhuma incompatibilidade com a medida. Essa regra, prevista no artigo 29 do Estatuto da Criança e do Adolescente, não estabeleceu os casos específicos em que se mostra inviável a colocação em família substituta; no entanto, podem-se arrolar as seguintes hipóteses: convivência com pessoas dependentes de substâncias entorpecentes (ECA, art. 19), que tenham praticado maus-tratos, opressão, ou abuso sexual (ECA, art. 130), que tenham dispensado tratamento desumano, violento, aterrorizante, vexatório ou constrangedor (ECA, art. 18), ou negligentes (ECA, art. 5º), em relação às crianças e aos adolescentes.

5. Ainda como regra a ser obedecida na colocação de criança ou adolescente em família substituta, deve-se evitar a separação dos irmãos ou grupos de irmãos. Na verdade, esta medida já ocorria na prática, sendo que a nova legislação veio apenas reforçar este entendimento (ECA, art. 28, § 4º). Coloca como exceção a separação dos irmãos, desde que estiver comprovada a existência de risco de abuso ou outra situação que justifique a ruptura. Todavia, em tal situação, deve-se procurar evitar o rompimento definitivo dos vínculos fraternais.

6. Estabeleceu ainda o legislador, como forma de garantir o sucesso da colocação da criança e do adolescente em família substituta, a neces-

sidade de preparação gradativa e acompanhamento posterior pela equipe interprofissional. Mais uma vez, é ressaltado o importante trabalho das assistentes sociais e psicólogos judiciais no sentido de atuar para a estabilização das relações firmadas na família substituta. No entanto, ressalva a nova legislação, há necessidade do apoio técnico dos responsáveis pela política municipal de garantia do direito à convivência familiar.

7. Por fim, a nova legislação acrescentou algumas regras específicas no que tange à colocação de criança ou adolescente indígena ou proveniente de comunidade remanescente de quilombo em família substituta, ressaltando o respeito à identidade social e cultural, costumes e tradições e à prioridade de colocação junto à comunidade de origem ou membros da mesma etnia.

A colocação em família substituta é uma medida de proteção que compete, privativamente, à autoridade judiciária aplicá-la, na qual o interessado deve prestar o compromisso de bem desempenhar o encargo. Assim, não pode ocorrer a transferência da criança e do adolescente para terceiros, ou para entidades governamentais, ou não, sem a prévia determinação judicial.

Excepcionalmente, na hipótese específica da guarda e em casos de urgência, verificando-se a transferência à entidade de acolhimento institucional, na qual o dirigente se equipara ao guardião (ECA, art. 92, parágrafo único e art. 93), deve tal fato ser comunicado ao Juiz competente, no prazo de 24.00 horas, sob pena de responsabilidade. Esta regra deixa clara duas situações: a) que é o Juiz a autoridade competente para analisar a questão da guarda e se a criança deve ou não permanecer em acolhimento institucional; b) permite o controle do Poder Judiciário e do Ministério Público quanto às crianças que são colocadas em acolhimento institucional.

PARTE II

A adoção e o Estatuto da Criança e do Adolescente

1. A evolução do instituto da adoção

O instituto da adoção, com relatos na Antiguidade e origem no direito romano, foi inicialmente contemplado em nosso sistema jurídico pelo Código Civil de 1916 (Lei n. 3.071, de 1° de janeiro de 1916), que regulamentou a matéria nos artigos 368 a 378. Diante da realidade vivenciada, o objetivo do instituto era dar filhos aos casais que não poderiam tê-los, tendo a finalidade de caridade. Designava-se adoção simples pelos efeitos que produzia. Estabeleceu que somente poderiam adotar os maiores de 50 anos que não possuíssem filhos legítimos ou legitimados e que fossem 18 anos mais velhos que o adotado. Como se observa, eram vários os obstáculos para a concretização da adoção.

Posteriormente, sofreu modificação pela Lei n. 3.133, de 8 de maio de 1957, dando caráter assistencial ao instituto. Esta lei procurou facilitar o processo adotivo, alterando alguns dispositivos do Código Civil, como a redução da idade para adotar passando de 50 para 30 anos; diminuiu a diferença de idade exigida entre adotante e adotado de 18 para 16 anos; permitiu a adoção mesmo para aquelas pessoas que já tinham filhos e a alteração do nome com os apelidos dos adotantes. Deixou de existir a necessidade do casal adotante de não possuir filhos, passando-se a exigir comprovação de estabilidade conjugal por um período de, no mínimo, cinco anos de matrimônio (art. 1°, parágrafo único). Todavia, o avanço foi pouco significativo, pois continuou a negar o direito sucessório e limitou a alteração do nome ao adotante e não aos apelidos de família. No mais, como assevera Carvalho (1977, p. 177), a Lei n. 3.133/57 conservou o caráter contratual da adoção e não simplificou suas formalidades, mantendo as exigidas pelo Código Civil, a saber: escritura pública, registro da escritura no cartório competente e sua averbação no registro civil com grande pagamento de custas. Com a Lei n. 4.665, de 2 de junho de 1965, surgiu a denominada legitimação adotiva. O parentesco do adotando passou a ser igual ao do filho legítimo, com exceção da questão sucessória. No entanto, restringiu a idade do menor a ser beneficiado com a adoção até 7 anos. Esta nova lei procurou assegurar às crianças até 7 anos o que a legislação francesa designava como adoção plena, porém se reconheceu o caráter irrevogável da adoção e a alteração que deve ser feita no registro de nascimento, falhou a regulamentação quanto à questão sucessória, no caso de superveniência de filho legítimo.

Como aponta Carvalho (1977, p. 183) a respeito da citada lei:

> Se o filho legitimado adotivamente é equiparado ao legítimo para todos os efeitos (art. 7º), se o registro original do menor é anulado (art. 6º, § 2º), se cessam os vínculos da filiação anterior, exceto quanto aos impedimentos matrimoniais (art. 6º, § 3º), se o filho legitimado adotivamente cessa de herdar da família originária, por que perderá direito sucessório pela superveniência de filho legítimo?

Verificou-se um pequeno avanço no instituto da adoção, mas essa legislação, como as revogadas, ainda se mostrou tímida em pontos como a restrição da idade para a legitimação adotiva (em 7 anos), na questão sucessória, na limitação dos legitimados ativos para o pedido (art. 2º), no fato da legitimação somente ser deferida após um período mínimo de três anos de guarda do menor pelos requerentes. Enfim, ainda existiam muitas barreiras para que a adoção se tornasse um instituto que contemplasse o direito da criança e do adolescente à convivência familiar.

Posteriormente, com a vigência do Código de Menores — Lei n. 6.697, de 10 de outubro de 1979 —, ocorreu a substituição da legitimação adotiva pela adoção plena, com as mesmas características. A partir de então, a adoção na legislação brasileira ficou estabelecida da seguinte forma: (a) adoção simples (CM, arts. 27 e 28)[4]; (b) adoção plena (CM, arts. 29 a 37)[5]; e (c) adoção pelo Código Civil.

A adoção plena prevista pelo Código de Menores exigia que os cônjuges fossem casados há mais de cinco anos; tendo um deles idade igual

---

4. **Art. 27.** A adoção simples de menor em situação irregular reger-se-á pela lei civil, observado o disposto neste Código.

Art. 28. A adoção simples dependerá de autorização judicial, devendo o interessado indicar, no requerimento, os apelidos de família que usará o adotado, os quais, se deferido o pedido, constarão do alvará e da escritura, para averbação no registro de nascimento do menor. § 1º A adoção será precedida de estágio de convivência com o menor, pelo prazo que a autoridade judiciária fixar, observadas a idade do adotando e outras peculiaridades do caso. § 2º O estágio de convivência poderá ser dispensado se o adotando não tiver mais de um ano de idade.

5. **Art. 29.** A adoção plena atribui a situação de filho ao adotado, desligando-o de qualquer vínculo com pais e parentes, salvo os impedimentos matrimoniais.

Art. 30. Caberá adoção plena de menor, de até sete anos de idade, que se encontre na situação irregular definida no inciso I, art. 2º desta Lei, de natureza não eventual. Parágrafo único. A adoção plena caberá em favor de menor com mais de sete anos se, à época em que completou essa idade, já estivesse sob a guarda dos adotantes.

Art. 31. A adoção plena será deferida após período mínimo de um ano de estágio de convivência do menor com os requerentes, computando-se, para esse efeito, qualquer período de tempo, desde que a guarda se tenha iniciado antes de o menor completar sete anos e comprovada a conveniência da medida.

Art. 32. Somente poderão requerer adoção plena casais cujo matrimônio tenha mais de cinco anos e dos quais pelo menos um dos cônjuges tenha mais de trinta anos. Parágrafo único. Provadas a esterilidade de um dos cônjuges e a estabilidade conjugal, será dispensado o prazo.

Art. 33. Autorizar-se-á a adoção plena ao viúvo ou à viúva, provado que o menor está integrado em seu lar, onde tenha iniciado estágio de convivência de três anos ainda em vida do outro cônjuge.

Art. 34. Aos cônjuges separados judicialmente, havendo começado o estágio de convivência de três anos na constância da sociedade conjugal, é lícito requererem adoção plena, se acordarem sobre a guarda do menor após a separação judicial.

Art. 35. A sentença concessiva da adoção plena terá efeito constitutivo e será inscrita no Registro Civil mediante mandado, do qual não se fornecerá certidão. § 1º A inscrição consignará o nome dos pais adotivos como pais, bem como o nome de seus ascendentes. § 2º Os vínculos de filiação e parentesco anteriores cessam com a inscrição. § 3º O registro original do menor será cancelado por mandado, o qual será arquivado. § 4º Nas certidões do registro nenhuma observação poderá constar sobre a origem do ato. § 5º A critério da autoridade judiciária, poderá ser fornecida certidão para salvaguarda de direitos.

Art. 36. A sentença conferirá ao menor o nome do adotante e, a pedido deste, poderá determinar a modificação do prenome.

Art. 37. A adoção plena é irrevogável, ainda que aos adotantes venham a nascer filhos, aos quais estão equiparados os adotados, com os mesmos direitos e deveres.

ou superior a 30 anos e pelo menos mais que 16 anos em relação ao adotado; fossem casados há cinco anos ou mais, dispensando tal prazo se um deles fosse estéril; tivesse o adotado não mais de sete anos e se encontre em situação irregular, salvo se este já se encontrasse, à época em que completou tal idade, sob a guarda dos adotantes; e houvesse estágio de convivência entre adotantes e adotado, podendo ser dispensado se o adotado não tivesse mais de um ano de idade. Os viúvos ou separados poderiam adotar, sendo que o estágio de convivência de três anos deveria ser iniciado antes da morte sobrevinda ou da separação. Com esta adoção extinguiam-se todos os vínculos do adotado com a sua família biológica, mantendo-se apenas os impedimentos matrimoniais e estabelecendo que a mesma tem o caráter de irrevogabilidade.

Verifica-se um avanço na legislação relativa à adoção, pois se começou a se preocupar mais com a criança a ser adotada que com os adotantes. No entanto, tais avanços foram tímidos, uma vez que vários obstáculos para a concretização da adoção ainda se verificavam.

Quanto à adoção simples de menor de 18 anos, em situação irregular, prevista pelo Código de Menores, passou a ter tramitação judicial, mas equiparava-se à estabelecida no Código Civil, com algumas peculiaridades, como a alteração dos apelidos da família no nome do adotando e a questão do estágio de convivência. O parentesco que se estabelecia era meramente civil.

Com a revogação do Código de Menores pelo Estatuto da Criança e do Adolescente — Lei n. 8.069, de 13 de julho de 1990, a adoção passou a ser tratada nos artigos 39 a 52, com uma mudança radical do instituto, por força dos princípios constitucionais centrados no artigo 227, parágrafos 5º e 6º da Constituição Federal.

Resumindo esta evolução, Veronese (1977, p. 79) anota:

> Devemos considerar que durante um certo período entendia-se que a adoção seria a possibilidade de dar um filho para aqueles cuja natureza os havia negado; depois, passou a ser vista como uma questão caritativa, de tirar da rua os desassistidos. Hoje, nasce uma nova visão da sociedade como um todo, ser responsável pelos seus.

De início, o Estatuto acabou com as designações de adoção simples e adoção plena, instituindo uma única modalidade para toda criança e adolescente, ou seja, de 0 até 18 anos de idade e excepcionalmente até 21 anos. Conforme designou Tavares (2001, p. 149), trata-se da adoção infanto-juvenil. Ancorada nos princípios instituídos pela Constituição de 1988, a nova adoção prevista no ECA acabou com a discriminação entre crianças e adolescentes adotados e biológicos; diminuiu a idade para adotar (21 anos), independente do estado civil; estabeleceu a possibilidade de adoção de concubinos, separados judicialmente, divorciados e viúvos; instituiu a adoção "post mortem" e a adoção unilateral, quando um dos cônjuges ou concubinos adota o filho do outro; proibiu a adoção pelos ascendentes e pelos irmãos; instituiu a necessidade da oitiva do adotando maior de 12 anos; manteve o caráter de irrevogabilidade da adoção e estabeleceu critérios para a adoção realizada por estrangeiros, inclusive com relação ao cadastro de pretendentes à adoção.

Verifica-se, com estas mudanças, e em face do princípio da proteção integral adotado pelo ECA, que ficou patente que esta proteção inclui o direito da criança, ou do adolescente, de ser criado e educado no seio de uma família. Neste caso, deslocou-se o foco da atenção em relação ao instituto da adoção. Não há mais a preocupação em dar filhos aos casais que não os têm, mas sim de dar uma família para a criança, ou adolescente, que não a possui. A adoção é uma forma de colocação de criança e adolescente em família substituta, com mecanismos acessíveis para a sua concretização. Assim, durante um longo período de tempo, o Estatuto da Criança e do Adolescente passou a ser o referencial teórico e legislativo da adoção.

Com a entrada em vigor do Código Civil (Lei n. 10.406/2002), o instituto, mais uma vez, sofreu alterações em sua estrutura, mantendo, no entanto, as linhas centrais traçadas pelo Estatuto da Criança e do Adolescente, ou seja, tudo aquilo que não foi regulado de forma específica pelo Código Civil ainda subsistia, não obstante inexistir expressa referência legal a tal situação.[6] A questão centralizava-se na interpretação

6. Segundo o prof. Silvio Rodrigues, "omissa a lei, só se devem ter por revogados os dispositivos incompatíveis com a nova legislação. No mais, ainda se preservarão os critérios estabelecidos pelo

dos artigos 1.618 a 1.629, que fazem referência ou repetem dispositivos do Estatuto da Criança e do Adolescente. As mudanças proporcionadas pelos citados artigos procuraram acompanhar a evolução do instituto da Adoção, com o novo perfil que se lhe deu pelo Estatuto da Criança e do Adolescente, sendo que eventual omissão deva sanar-se com base na lei menorista.

Inovou a legislação civilista, principalmente no que respeita à adoção civil, à idade do adotante e à adoção por concubino, mantendo, sem alteração, a adoção por estrangeiro e o caráter do instituto como uma das modalidades de colocação em família substituta.

Agora, nova mudança ocorreu na legislação, referente à adoção proporcionada pela vigência da Lei n. 12.010, de 29 de julho de 2009, que alterou vários capítulos e artigos do Estatuto da Criança e do Adolescente, bem como artigos do Código Civil unificando posicionamentos relativos ao instituto. Com a nova lei, a adoção da pessoa menor de 18 anos, e excepcionalmente até 21 anos de idade, voltou a ser regulamentada pelo Estatuto da Criança e do Adolescente. Aliás, este é um ponto positivo das alterações, pois unificou novamente a legislação que trata da adoção e incorporou tais mudanças no ECA, deixando de se buscar uma legislação específica. Na verdade, foi a primeira grande mudança legislativa proporcionada no Estatuto, mas que se mostrou inócua em vários aspectos em face do posicionamento doutrinário e jurisprudencial a respeito dos temas modificados. As alterações serão analisadas no capítulo seguinte.

Em síntese, constata-se, hoje, a existência de uma só espécie de adoção, cuja regulamentação varia de acordo com a legislação:

a) Para adotados menores de 18 anos (excepcionalmente de 18 a 21 anos de idade) regulada pelo Estatuto da Criança e do Adolescente.

b) Adoção para maiores de 18 anos — Adoção civil — tratada no Código Civil, com procedimento previsto no Código de Processo Civil.

Estatuto, para a adoção nele prevista" (*Direito civil*. 27. ed. atual. por Francisco José Cahali. São Paulo: Saraiva, 2002. v. 6, p. 389).

2. Principais alterações introduzidas pela Lei n. 12.010/09 na adoção pelo Estatuto da Criança e do Adolescente[7]

DESIGNAÇÃO

- A nova lei substitui a expressão PÁTRIO PODER passando-a para PODER FAMILIAR, de acordo com o estabelecido no Código Civil (artigo 3º da Lei n. 12.010/09).
- Também altera a designação ABRIGO (prevista como uma das medidas de proteção) para ACOLHIMENTO INSTITUCIONAL (art. 90, IV) e cria a figura do ACOLHIMENTO FAMILIAR (art. 34, § 1º).
- Define o que vem a ser FAMÍLIA EXTENSA OU AMPLIADA, que é a que se estende para além da unidade "pais e filhos" ou da unidade do casal, formada por parentes próximos com os quais a criança ou o adolescente convive e mantém vínculos de afinidade e afetividade.

DIREITO À VIDA E À SAÚDE

- Ao tratar da proteção ao nascimento prevista no artigo 8º do ECA, a nova lei acrescenta a necessidade de proporcionar ASSISTÊNCIA PSICOLÓGICA à gestante e à mãe, no período pré e pós-natal, com o objetivo de prevenir ou minorar as consequências do estado puerperal.
- Proporciona, também para a gestante e mãe que tenha interesse em entregar o filho para adoção.
- A partir de agora, cria a obrigação dos hospitais (responsáveis pelo estabelecimento de atenção à saúde) e dos médicos de encaminhar, obrigatoriamente, à Justiça da Infância e da Juventude, as gestantes ou mães que manifestarem interesse em entregar seus filhos para adoção. O não cumprimento desta obrigação implicará infração administrativa, com a possibilidade de responsabili-

---

7. Os artigos citados no presente capítulo referem-se à Lei n. 12.010/09.

zação do médico, enfermeiro e dirigente do estabelecimento de atenção à saúde da gestante.

DIREITO À CONVIVÊNCIA FAMILIAR E COMUNITÁRIA

- Determina a necessidade de reavaliação de criança em acolhimento familiar ou institucional (antigo abrigo): deve ocorrer, a cada 6 meses, no máximo, pela equipe interprofissional ou multidisciplinar.
- Prazo máximo para permanência de criança e adolescente em programa de acolhimento institucional: 2 anos. Exceção: pode estender-se, caso haja comprovação da necessidade que atenda ao superior interesse da criança e do adolescente.
- A manutenção ou reintegração de criança ou adolescente à sua família é prioridade e tem preferência sobre as formas de colocação de criança em família substituta (guarda, tutela ou adoção).

OITIVA DA CRIANÇA E DO ADOLESCENTE (família substituta, disposições gerais)

- A equipe interprofissional deve ouvir, previamente, a criança ou o adolescente para a colocação em família substituta.
- Em se tratando de adolescente, o mesmo também deverá expressar o seu consentimento, em audiência, perante a Autoridade Judiciária.

GRUPOS DE IRMÃOS — GUARDA, TUTELA E ADOÇÃO

- Regra geral: os grupos de irmãos deverão ser colocados sob adoção, tutela ou guarda da mesma família substituta.
- Exceção: poderão ser colocados em famílias diversas, uma vez comprovada a existência de risco de abuso ou outra situação que justifique a excepcionalidade. Ex.: irmãos com deficiências, prole numerosa, diferença acentuada de idade e dificuldade de colocação em família substituta.

PREPARAÇÃO PREVENTIVA E ACOMPANHAMENTO POSTERIOR

A equipe interprofissional, a serviço da Justiça da Infância e da Juventude, com o apoio de técnicos responsáveis pela política municipal de garantia de direito à convivência familiar, deverá preparar a criança ou o adolescente para a colocação em família substituta e proceder a um acompanhamento posterior para verificar a devida adaptabilidade.

CRIANÇAS INDÍGENAS OU PROVENIENTES DE QUILOMBO

Deve-se respeitar a sua identidade social e cultural, costumes e tradições e buscar a sua colocação no seio de sua comunidade ou membros da mesma etnia. No caso de crianças indígenas, deve ocorrer a intervenção e oitiva de representantes do órgão federal responsável pela política indigenista.

DA GUARDA

- Quando a guarda é deferida para efeitos de adoção, pode-se impedir o exercício do direito de visita dos pais bem como o dever de prestar alimentos.
- Também pode ocorrer tal situação em casos excepcionais, mediante decisão fundamentada da autoridade judiciária.
- Há a possibilidade de regulamentação específica dos alimentos, a pedido do interessado ou do Ministério Público, quando a criança for colocada sob a guarda de terceiro.
- Programa de Acolhimento Familiar: cria este programa que tem preferência sobre o Acolhimento Institucional. As pessoas interessadas devem estar previamente cadastradas no programa para receber a criança sob guarda (art. 34, § 2º). A redação do citado inciso indica a necessidade de um cadastro nos referidos programas (municipal ou mesmo judicial).

TUTELA

- Atualizou a idade para a pessoa ser colocada sob tutela para 18 anos, nos termos da legislação civil vigente.

- Coloca como regra a ser observada no pedido de tutela a observância dos requisitos estabelecidos nos artigos 28 e 29 do ECA, ou seja, o consentimento do tutelado, o grau de parentesco, a relação de afinidade ou de afetividade, a questão envolvendo o grupo de irmãos, o oferecimento de ambiente familiar adequado e a observância das regras para crianças indígenas e provenientes de quilombos.

ADOÇÃO: REQUISITOS GERAIS

- Adoção é medida excepcional e irrevogável e somente deve ocorrer depois de esgotados os meios para a manutenção da criança na família natural ou extensa (art. 39, § 1º).
- Adequa a idade do adotante para 18 anos, nos termos da legislação civil (art. 42, *caput*).
- Para a adoção em conjunta é indispensável que os adotantes sejam casados ou vivam em união estável, comprovada a estabilidade familiar (art. 42, § 2º). Neste caso, um deles deve ter mais de 18 anos de idade.
- Na adoção dos divorciados, judicialmente separados ou ex-companheiros, pode ocorrer a adoção conjunta, com os mesmos requisitos exigidos pela legislação anterior, com o acréscimo de que seja comprovada a existência de vínculos de afinidade e afetividade com aquele não detentor da guarda para justificar a excepcionalidade da medida. Neste caso, a guarda deve ser compartilhada (art. 42, §§ 4º e 5º).

ESTÁGIO DE CONVIVÊNCIA

- O estágio de convivência poderá ser dispensado se o adotando já estiver sob a tutela ou guarda legal do adotante durante tempo suficiente para que seja possível avaliar a conveniência da constituição do vínculo. A simples guarda de fato não autoriza, por si só, a dispensa da realização do estágio de convivência.
- Em caso de adoção por pessoa ou casal residente ou domiciliado fora do País, o estágio de convivência, cumprido no território nacional, será de, no mínimo, 30 (trinta) dias.

- O estágio de convivência será acompanhado pela equipe interprofissional, a serviço da Justiça da Infância e da Juventude, preferencialmente com apoio dos técnicos responsáveis pela execução da política de garantia do direito à convivência familiar, que apresentarão relatório acerca da conveniência do deferimento da medida.

ADOÇÃO: REGISTRO DA SENTENÇA

- O registro da sentença poderá ser lavrado no Cartório de Registro Civil do Município da residência do adotante.
- A alteração do prenome poderá ser autorizada a pedido do adotante ou do adotado (legislação anterior determinava a alteração apenas a pedido do adotante). No pedido formulado pelo adotante, o adotado deverá ser ouvido a respeito.
- O adotado tem o direito de conhecer sua origem biológica, bem como de obter acesso irrestrito ao processo no qual a medida foi aplicada e seus eventuais incidentes, após completar 18 (dezoito) anos. O acesso ao processo de adoção poderá ser também deferido ao adotado menor de 18 (dezoito) anos, a seu pedido, assegurada orientação e assistência jurídica e psicológica.

ADOÇÃO: CADASTRO DOS PRETENDENTES À ADOÇÃO

- Cria uma preparação psicossocial e jurídica, orientada pela equipe técnica do Juízo da Infância e da Juventude, para as pessoas que pretendem adotar. Não especifica o conteúdo desta preparação, registrando apenas que é recomendável o contato com crianças e adolescentes, em acolhimento familiar ou institucional, em condições de ser adotadas.
- Cadastro: a) crianças e adolescentes em condições de ser adotados; b) de pessoas ou casais interessados em adoção; c) cadastros distintos para pessoas residentes fora do País.
- Estabelece o prazo de 48 horas para a inscrição de crianças e adolescentes em condições de serem adotados e de pessoas ou casais

que tiverem deferida sua habilitação à adoção nos cadastros estadual e nacional.

- A alimentação e utilização do cadastro serão fiscalizadas pelo Ministério Público.

ADOÇÃO: PESSOAS OU CASAIS NÃO CADASTRADOS — EXCEÇÃO (art. 50, § 13)

- Somente poderá ser deferida adoção em favor de candidato domiciliado no Brasil não cadastrado previamente quando: I — se tratar de pedido de adoção unilateral; II — for formulada por parente com o qual a criança ou o adolescente mantenha vínculos de afinidade e afetividade; III — oriundo o pedido de quem detém a tutela ou guarda legal de criança maior de 3 (três) anos ou adolescente, desde que o lapso de tempo de convivência comprove a fixação de laços de afinidade e afetividade, e não seja constatada a ocorrência de má-fé ou qualquer das situações previstas nos arts. 237 ou 238 do Estatuto da Criança e do Adolescente que prevê a ocorrência de crimes nas hipóteses de subtração de criança ou adolescente ou na promessa de entrega de filho ou pupilo a terceiros.
- O candidato deverá comprovar, no curso do procedimento, que preenche os requisitos necessários à adoção, conforme previsto no ECA.

ADOÇÃO INTERNACIONAL

- Exceção: somente pode ser deferida após a consulta de pessoas ou casais habilitados à adoção no cadastro da comarca, Estadual e Nacional (§ 10, arts. 50 e 51, § 1º).
- Os brasileiros residentes no exterior terão preferência aos estrangeiros, nos casos de adoção internacional de criança ou adolescente brasileiro.
- A adoção internacional pressupõe a intervenção das autoridades centrais Estaduais e Federal em matéria de adoção internacional,

com a elaboração de laudo de habilitação (com validade de 1 ano) que autoriza a formalização do pedido de adoção perante o Juízo da Infância e da Juventude do local onde se encontrar a criança ou o adolescente.

- O laudo de habilitação pressupõe o preenchimento de vários requisitos previstos no artigo 52 do ECA.
- Regulamenta o credenciamento de organismos nacionais e estrangeiros encarregados de intermediar pedidos de habilitação à adoção internacional (art. 52, § 2º).
- Antes de transitada em julgado a decisão que concedeu a adoção internacional, não será permitida a saída do adotando do território nacional.
- A Autoridade Central Federal Brasileira poderá, a qualquer momento, solicitar informações sobre a situação das crianças e adolescentes adotados.

POLÍTICA DE ATENDIMENTO (Disposições Gerais)

- Inclui entre as linhas de ação da política de atendimento a necessidade de abreviar o período de afastamento do convívio familiar a fim de garantir o direito à convivência familiar.
- Inclui a necessidade de campanhas de estímulo ao acolhimento sob a forma de guarda de crianças ou adolescentes afastados do convívio familiar.
- Integração operacional (art. 88) para a agilização do atendimento de crianças e adolescentes inseridos em programas de acolhimento familiar ou institucional. Anteriormente essa integração visava o atendimento do adolescente a quem se atribuía a autoria de ato infracional.

ENTIDADES DE ATENDIMENTO (art. 90)

- Além de mudar a designação abrigo para acolhimento institucional, deu ênfase à destinação de dotação orçamentária nas áreas de Educação, Saúde e Assistência Social à criança e ao adolescente.

- Estabeleceu que o prazo do registro é de 4 anos (art. 91, § 2º) sendo que a cada 2 anos será feita a reavaliação dos programas junto ao CMDCA e fixou os seguintes critérios para a renovação da autorização: I — o efetivo respeito às regras e princípios da Lei, bem como às resoluções relativas à modalidade de atendimento prestado, expedidas pelos Conselhos de Direitos da Criança e do Adolescente, em todos os níveis; II — a qualidade e eficiência do trabalho desenvolvido, atestadas pelo Conselho Tutelar, pelo Ministério Público e pela Justiça da Infância e da Juventude; III — em se tratando de programas de acolhimento institucional ou familiar, serão considerados os índices de sucesso na reintegração familiar ou de adaptação à família substituta, conforme o caso.
- Acrescentou como motivo para negar o registro à entidade o fato de a mesma não se adequar ou deixar de cumprir as resoluções ou deliberações do Conselho (art. 91, § 1º, *e*).
- Ao fixar os princípios a serem observados pelas entidades de acolhimento familiar, acrescentou a necessidade de se buscar a reintegração familiar (art. 92, I) e a de buscar a colocação da criança em família extensa (art. 92, II).
- Fixou a obrigatoriedade dos dirigentes de entidade de acolhimento de enviar relatório semestral à autoridade Judiciária a respeito da situação da criança ou adolescente acolhido e a possibilidade de sua destituição, caso não cumpra as determinações estabelecidas no ECA.
- As entidades poderão receber crianças ou adolescentes sem prévia determinação da autoridade judiciária, mas terá 24 horas para comunicar ao Juiz da Infância e da Juventude tal situação, que instaurará procedimento para promover a imediata reintegração familiar, se for o caso.

DAS MEDIDAS ESPECÍFICAS DE PROTEÇÃO

- Estabeleceu os seguintes **princípios** para aplicação das medidas de proteção:

I — **condição da criança e do adolescente como sujeitos de direitos**: crianças e adolescentes são os titulares dos direitos previstos nesta e em outras leis, bem como na Constituição Federal;

II — **proteção integral e prioritária**: a interpretação e aplicação de toda e qualquer norma contida nesta lei deve ser voltada à proteção integral e prioritária dos direitos de que crianças e adolescentes são titulares;

III — **responsabilidade primária e solidária do poder público**: a plena efetivação dos direitos assegurados a crianças e a adolescentes por esta lei e pela Constituição Federal, salvo nos casos por esta expressamente ressalvados, é de responsabilidade primária e solidária das 3 (três) esferas de governo, sem prejuízo da municipalização do atendimento e da possibilidade da execução de programas por entidades não governamentais;

IV — **interesse superior da criança e do adolescente**: a intervenção deve atender prioritariamente aos interesses e direitos da criança e do adolescente, sem prejuízo da consideração que for devida a outros interesses legítimos, no âmbito da pluralidade dos interesses presentes no caso concreto;

V — **privacidade**: a promoção dos direitos e proteção da criança e do adolescente deve ser efetuada no respeito pela intimidade, direito à imagem e reserva da sua vida privada;

VI — **intervenção precoce**: a intervenção das autoridades competentes deve ser efetuada logo que a situação de perigo seja conhecida;

VII — **intervenção mínima**: a intervenção deve ser exercida exclusivamente pelas autoridades e instituições cuja ação seja indispensável à efetiva promoção dos direitos e à proteção da criança e do adolescente;

VIII — **proporcionalidade e atualidade**: a intervenção deve ser a necessária e adequada à situação de perigo em que a criança ou o adolescente se encontra no momento em que a decisão é tomada;

IX — **responsabilidade parental**: a intervenção deve ser efetuada de modo que os pais assumam os seus deveres para com a criança e o adolescente;

X — **prevalência da família**: na promoção de direitos e na proteção da criança e do adolescente deve ser dada prevalência às medidas que os mantenham ou reintegrem na sua família natural ou extensa ou, se isto não for possível, que promovam a sua integração em família substituta;

XI — **obrigatoriedade da informação**: a criança e o adolescente, respeitado seu estágio de desenvolvimento e capacidade de compreensão, seus pais, ou responsável, devem ser informados dos seus direitos, dos motivos que determinaram a intervenção e da forma como esta se processou;

XII — **oitiva obrigatória e participação**: a criança e o adolescente, em separado ou na companhia dos pais, de responsável ou de pessoa por si indicada, bem como os seus pais ou responsáveis, têm direito a ser ouvidos e a participar nos atos e na definição da medida de promoção dos direitos e de proteção, sendo sua opinião devidamente considerada pela autoridade judiciária competente, observado o disposto nos §§ 1º e 2º do art. 28 desta Lei.

- **Afastamento da criança e do adolescente do convívio familiar**: é de competência exclusiva da Autoridade Judiciária e importará na instauração de procedimento judicial contencioso, no qual se garanta aos pais ou responsável legal o exercício do contraditório e da ampla defesa.
- **Acolhimento familiar**: criou o programa de acolhimento familiar entre as medidas de proteção.
- **Guia de acolhimento**: O Poder Judiciário deverá elaborar uma guia de acolhimento para encaminhar a criança à entidade de acolhimento institucional. Tal guia deverá conter dados pessoais da criança e o motivo da retirada e não reintegração ao convívio familiar (art. 101, § 5º).
- **Plano individual de atendimento**: a entidade elaborará um plano individual de atendimento visando a reintegração da criança no

convívio familiar. Constará deste plano o resultado da avaliação interdisciplinar, compromissos assumidos pelos pais e previsão das atividades a serem desenvolvidas (art. 101, § 6º).

- **Destituição do poder familiar**: será promovida pelo Ministério Público após comunicação da entidade de acolhimento familiar ou responsáveis pela execução da política municipal de garantia do direito à convivência familiar. Esta situação não impede a propositura da ação através da comunicação feita pela equipe técnica do Judiciário.
- **Cadastro das crianças e adolescentes em regime de acolhimento familiar ou institucional**: o Juizado deverá ter um cadastro com a situação das crianças acolhidas com as informações da situação de cada uma e as providências tomadas para a reintegração familiar (art. 101, § 11).

RECONHECIMENTO DA PATERNIDADE

Como uma das providências das medidas de proteção é a regularização do registro civil da criança/adolescente, a lei acrescentou a necessidade de ser deflagrado o procedimento específico destinado à averiguação da paternidade, visando o seu reconhecimento, caso não conste do registro (art. 102, §§ 3º e 4º).

CONSELHO TUTELAR

Acrescentou nas atribuições do CT a possibilidade de representar ao Ministério Público, para efeito das ações de perda ou suspensão do poder familiar, após esgotadas as possibilidades de manutenção da criança ou do adolescente junto à família natural e de comunicar as situações em que considera importante o afastamento do convívio familiar.

DOS PROCEDIMENTOS

Registrou a necessidade da prioridade absoluta na tramitação dos procedimentos da Vara da Infância e estabeleceu a impossibilidade de a autoridade judiciária tomar iniciativa processual nos casos envolvendo afastamento da criança ou do adolescente da sua família de origem ou em procedimentos contenciosos (arts. 152 e 153).

PERDA OU SUSPENSÃO DO PODER FAMILIAR

- **Oitiva dos pais**: sempre que forem identificados, é obrigatória a oitiva dos pais.
- **Oitiva da criança ou do adolescente**: se ocorrer modificação de guarda, será obrigatória (desde que possível e razoável) a oitiva da criança e do adolescente.
- **Pais oriundos de comunidades indígenas**: é obrigatória a intervenção da equipe multidisciplinar e a intervenção do órgão federal responsável pela política indigenista.
- **Estudo social ou perícia multidisciplinar e oitiva de testemunhas**: determinou a realização de perícia e oitiva de testemunhas que comprovem as causas de suspensão ou destituição do poder familiar.
- **Prazo**: estabeleceu o prazo de 120 dias para conclusão do procedimento de destituição ou suspensão do poder familiar.
- **Adoção consensual** (art. 166): estabeleceu taxativamente a dispensa de assistência de advogado para o ingresso de tal pedido. Quanto à oitiva dos pais, determinou que a mesma fosse feita judicialmente e após o nascimento da criança, não tendo validade qualquer manifestação prestada por escrito. Este consentimento é retratável até a data da publicação da sentença de adoção e só terá valor após o nascimento da criança.

HABILITAÇÃO DE PRETENDENTES À ADOÇÃO (art. 197-A)

- **Requisitos para a petição de habilitação:**

  I — qualificação completa;

  II — dados familiares;

  III — cópias autenticadas de certidão de nascimento ou casamento, ou declaração relativa ao período de união estável;

IV — cópias da cédula de identidade e inscrição no Cadastro de Pessoas Físicas;

V — comprovante de renda e domicílio;

VI — atestados de sanidade física e mental;

VII — certidão de antecedentes criminais;

VIII — certidão negativa de distribuição cível

- Manifestação do Ministério Público:

  I — apresentar quesitos a serem respondidos pela equipe interprofissional encarregada de elaborar o estudo técnico a que se refere o art. 197-C desta Lei;

  II — requerer a designação de audiência para oitiva dos postulantes em juízo e testemunhas;

  III — requerer a juntada de documentos complementares e a realização de outras diligências que entender necessárias.

- **Estudo psicossocial**: é de elaboração obrigatória e deve conter subsídios que permitam aferir a capacidade e o preparo dos postulantes para o exercício de uma paternidade ou maternidade responsável.
- **Programa de capacitação**: os pretendentes devem participar de programa de capacitação para adoção e devem, sempre que possível, manter contato com crianças ou adolescentes em regime de acolhimento familiar.
- **Ordem de chamada**: os inscritos serão chamados em ordem cronológica de habilitação, que somente poderá ser dispensada caso seja a melhor solução no interesse do adotando.

RECURSOS

- **Efeitos da apelação**: a sentença que deferir a adoção está sujeita à apelação que será recebida exclusivamente no efeito devolutivo, ou seja, não suspende os efeitos da decisão, que poderá ser executada imediatamente. Receberá efeito suspensivo a apelação apresentada em adoção internacional ou se houver perigo de dano irreparável ou de difícil reparação ao adotando.

- **Destituição do poder familiar**: a apelação também deverá ser recebida apenas no efeito devolutivo.
- **Prioridade**: os recursos deverão ser processados com prioridade absoluta, devendo o relator colocar o processo em julgamento no prazo máximo de 60 dias, contado da sua conclusão. O Ministério Público poderá apresentar o seu parecer oralmente na sessão de julgamento.

PROTEÇÃO JUDICIAL DOS INTERESSES INDIVIDUAIS, DIFUSOS E COLETIVOS

O Estatuto da Criança e do Adolescente apresenta no artigo 208[8] um rol de situações que justificam o ingresso de ação judicial para a proteção de interesses individuais, difusos e coletivos. A nova lei acrescentou mais uma hipótese para se ingressar com ação judicial contra *serviços ou programas de orientação, apoio e promoção social de famílias e destinados ao pleno exercício do direito à convivência familiar* (art. 208, IX).

INFRAÇÃO ADMINISTRATIVA

- **Infração administrativa em face da autoridade judiciária.** Criou a hipótese de infração o fato de deixar de instalar, operacionalizar e de efetuar o cadastro das crianças e adolescentes em condições de ser adotadas, bem como dos pretendentes à adoção e das crianças e adolescentes que estão em regime de acolhimento familiar e institucional.
- **Infração administrativa em face do médico, enfermeiro e dirigente de estabelecimento de atenção à saúde e de funcionário**

8. Art. 208. Regem-se pelas disposições desta lei as ações de responsabilidade por ofensa aos direitos assegurados à criança e ao adolescente, referentes ao não oferecimento ou oferta irregular: I — do ensino obrigatório; II — de atendimento educacional especializado aos portadores de deficiência; III — de atendimento em creche e pré-escola às crianças de zero a seis anos de idade; IV — de ensino noturno regular, adequado às condições do educando; V — de programas suplementares de oferta de material didático-escolar, transporte e assistência à saúde do educando do ensino fundamental; VI — de serviço de assistência social visando à proteção à família, à maternidade, à infância e à adolescência, bem como ao amparo às crianças e adolescentes que dele necessitem; VII — de acesso às ações e serviços de saúde; VIII — de escolarização e profissionalização dos adolescentes privados de liberdade.

de programa oficial ou comunitário que trabalha na garantia do direito à convivência familiar: ficam responsabilizados com pena de multa caso não comuniquem, de imediato, a situação de mãe ou gestante interessada em entregar o filho à adoção.

DISPOSIÇÕES FINAIS E TRANSITÓRIAS

- **Fundo municipal**: determina que se estabeleça, como prioridade na aplicação dos recursos captados, as regras para garantia do direto à convivência familiar.
- **Pátrio Poder**: altera toda a designação de pátrio poder para Poder Familiar.

3. Adoção civil da pessoa maior de 18 anos

A adoção, prevista no Estatuto da Criança e do Adolescente, convivia com a adoção civil, regulada pelo Código Civil de 1916, nos artigos 368 a 378 e agora convive com a nova regulamentação prevista no Código Civil de 2002, no artigo 1.623, não sofrendo nenhuma alteração pela Lei n. 12.010/09. A adoção é única, pois o Código Civil afastou a dicotomia existente entre a adoção de pessoas maiores e menores de 18 anos. Apenas para efeito didático serão, tais adoções, analisadas separadamente.

Em se tratando de adulto (maior de 18 anos), a adoção far-se-ia, como exceção, por escritura pública e era prevista no Código Civil. Agora a mesma se concretiza através de processo judicial, com a intervenção do Poder Judiciário, participação do Ministério Público, e com obediência as regras previstas tanto na legislação civil como no Estatuto da Criança e do Adolescente. A legislação civil passou a ditar as regras de todo tipo de adoção (para maiores ou menores de 18 anos) unificando o entendimento a respeito do instituto.[9]

A regra de que a adoção de maior de 18 anos segue a legislação civil encontra uma *exceção* prevista no artigo 40 do ECA, quando se verificar

9. Nesse sentido se posiciona Artur Marques da Silva Filho (2009, p. 43).

que tal pessoa estiver, anteriormente, sob a guarda, ou tutela dos adotantes. Nesta hipótese, pode-se requerer a adoção conforme estabelecido no Estatuto, da pessoa até 21 anos de idade. A adoção, prevista pelo ECA e pelo Código Civil de 2002, aplica-se tanto ao menor em situação regular como irregular — sob risco pessoal ou social. A adoção civil, regulada pelo Código de 1916, aplicava-se ao menor em situação regular.

Não existe mais a possibilidade de a adoção civil concretizar-se por escritura pública, de forma contratual e extrajudicial. Há necessidade de processo judicial. Contudo, o Código Civil, no artigo 10, III, estabelece que seja efetivada a averbação em registro público: III — dos atos judiciais ou extrajudiciais de adoção. Esta redação dá a entender que ainda existe a possibilidade de a adoção da pessoa maior de 18 anos ser realizada por escritura. A interpretação que melhor se apresenta é que pode até ser lavrada a escritura de adoção, porém a mesma deverá passar pelo crivo do Poder Judiciário, efetivando-se por sentença constitutiva (art. 1.623, parágrafo único), onde todos os requisitos serão analisados, ou seja, de pouca efetividade a concretização da adoção por escritura. Outra questão envolvendo tal artigo é que não ocorrerá apenas a averbação no registro público da adoção. O procedimento a ser seguido é o estabelecido no artigo 47 do ECA quanto ao cancelamento do registro original do adotado. Vislumbra-se a questão da averbação somente na hipótese de adoção unilateral. Mas, nesse registro, não pode conter qualquer observação sobre a origem do ato em respeito ao que estabelece a Constituição Federal[10] quanto à proibição da discriminação da relação afetiva.

Não esclareceu o legislador civilista, como era de se esperar, a questão da competência jurisdicional ou procedimento. Contudo, levando-se em consideração o limite etário para a aplicação do Estatuto da Criança e do Adolescente (art. 2º e parágrafo único), pode-se afirmar que tal adoção deverá processar-se no Juízo Cível, nas varas de família, por meio de procedimento especial de jurisdição voluntária, conferindo também legitimidade ativa ao Ministério Público para ingressar com o pedido.

---

10. CF, art. 227, § 6º — Os filhos, havidos ou não da relação de casamento, ou por adoção, terão os mesmos direitos e qualificações, proibidas quaisquer designações discriminatórias relativas à filiação.

O artigo 1.628, do novo Código Civil, dispõe que as relações de parentesco se estabelecem não só entre adotante e adotado, como também, entre aquele e os descendentes destes. Não fez nenhuma distinção entre os tipos de adoção, de modo que, na adoção civil, as relações de parentesco não mais se limitam ao adotante e adotado, conforme estabelecia o art. 376 do Código Civil de 1916, abrangendo também os descendentes.

Na adoção civil também há necessidade do consentimento do adotando; a verificação dos benefícios que o ato lhe trará (já que tal adoção concretizar-se-á em processo judicial); a satisfação dos requisitos para quem irá adotar; a diferença de idade (16 anos entre adotante e adotado); os efeitos sucessórios da medida; a alteração do nome e a proibição de adoção por procuração. Também se verifica a possibilidade de adoção unilateral por parte de um dos cônjuges do filho do outro (ECA, art. 41, § 1º). Não se mostra necessário o prévio cadastro judicial para adoção e a fixação de estágio de convivência diante da situação do adotando. A avaliação psicossocial pode determinar-se no processo judicial, para apurar o benefício da medida. Caso o requerente vier a falecer no curso do procedimento, pode ser efetivada a adoção, retroagindo os efeitos da sentença à data do óbito.

Outra questão merecedora de análise é a *dissolução da adoção*. No regime do Código Civil de 1916 poder-se-ia dissolver o vínculo da adoção civil, quando conviesse às duas partes, ou nos casos em que se admitia a deserdação[11] (art. 374). Estabelecia, ainda, que o adotado, quando menor ou interdito, poderia desligar-se da adoção no ano imediato ao que cessasse a interdição, ou a menoridade (art. 373). Trata-se da dissolução da

11. As causas que autorizavam a deserdação estão previstas nos artigos 1.744 e 1.745 do Código Civil. Do lado do pai adotivo (art. 1.744): I — ofensas físicas; II — injúria grave; III — desonestidade da filha que vive na casa paterna; IV — relações ilícitas com a madrasta ou o padrasto; V — desamparo do ascendente em alienação mental ou grave enfermidade. Em relação ao filho adotivo (art. 1.745): I — ofensas físicas; II — injúria grave; III — relações ilícitas com a mulher do filho ou neto, ou com o marido da filha ou neta; IV — desamparo do filho ou neto em alienação mental ou grave enfermidade.

Também comportam dissolução da adoção as hipóteses previstas no artigo 1.595 do Código Civil: I — se os filhos adotivos houverem sido autores ou cúmplices em crime de homicídio voluntário, ou tentativa deste, contra a pessoa dos pais adotivos; II — que a estes acusaram caluniosamente em juízo, ou incorreram em crime contra a sua honra; III — que, por violência ou fraude, os inibiram de livremente dispor dos seus bens em testamento ou codicilo, ou lhes obstaram a execução dos atos de última vontade.

adoção civil de forma bilateral e unilateral. Agora, com o regramento previsto no Código Civil e a aplicação subsidiária do Estatuto da Criança e do Adolescente tal adoção, torna-se irrevogável, diante do contido no artigo 48 da lei menorista. Integrado o filho adotado na família, a dissolução da adoção somente será verificada nas hipóteses previstas para as situações que também atinjam o filho biológico. Adverte Carvalho Filho (2008, p. 1717):

> A adoção implica relação de filiação que é única, sem qualquer distinção em função da sua origem. O filho adotado titula os mesmos direitos de filhos naturais, havendo completa desvinculação da família anterior. Forma-se novo laço familiar, de maneira plena. Assim, por certo não se há de conceber uma adoção, depois de consumada, revogável, como se a filiação e seu conteúdo variassem ao mero talante do adotante ou de adotado.

Em síntese, verifica-se que a adoção civil se equiparou à adoção estabelecida pelo ECA, sendo que o diferencial que determina a aplicação da regra se refere tão somente à idade do adotando. No caso de o adotando ser maior de 18 anos de idade, deve-se seguir o estabelecido no Código Civil de 2002, aplicando-se, subsidiariamente, os princípios estabelecidos no Estatuto da Criança e do Adolescente. Nesse sentido, adverte Carvalho Filho (2008, p. 1714) que "conviverá o Código Civil de 2002 com a legislação especial, no que não incompatíveis, tanto mais porque, já não fosse a expressa ressalva do artigo 1.629, previsões há no ECA que são indispensáveis e que não se contêm no Código Civil atual".

4. A adoção da pessoa menor de 18 anos

Representando uma ruptura com a cultura da adoção onde ocorria uma

> subvalorização da filiação adotiva frente à descendência de sangue; o sigilo da filiação adotiva como proteção contra o preconceito, ou como forma de evitar interferências negativas da família biológica; a prioridade para famílias do tipo tradicional de candidatos à adoção, em detrimento de

> pessoas solteiras, divorciadas, viúvas, ou pessoas acima de 40 anos de idade e que poderiam se dispor a adotar criança de difícil colocação, e a condenação da mãe que entrega seu filho para adoção, sem levar em conta a situação de exclusão social e a história de vida destas mulheres,[12]

o Estatuto tratou de disciplinar a adoção com a magnitude que ela merece, traçando novas regras que buscam dar cumprimento ao princípio da proteção integral.

Destacou o direito da criança e do adolescente à convivência familiar, que deve ser criado e educado no seio de sua família, e também na família extensa ou ampliada, e excepcionalmente em família substituta, proibindo qualquer discriminação oriunda de sua filiação. Eliminou a discriminação decorrente da situação pessoal e legal da criança e do adolescente, ou seja, da designação de "menor em situação irregular" para determinar que o instituto da adoção se aplique a toda criança e adolescente, independente de sua situação jurídica, reconhecendo-o como sujeito de direito. O foco da adoção passa a ser a criança e o adolescente, e não mais a pessoa que está adotando, ou seja, mais que um direito de ter filhos, representa o direito da criança e do adolescente de ter uma família.

Varias foram as mudanças proporcionadas pelo ECA e agora consolidadas pela Lei n. 12.010/09 com relação à adoção, sendo que são destaques que emergiram dessa estrutura do regime jurídico: "o princípio da igualdade das filiações; a expressa e total ruptura de vínculos do adotado com a família anterior (exceção aos impedimentos matrimoniais); e a judicialização do procedimento" (Silva Filho, 2009, p. 41). Também merece ser creditado à nova legislação o destaque da unicidade do instituto da adoção, posto que centralizou no ECA toda a legislação referente a adoção de crianças e adolescentes.

A adoção estabelecida pelo ECA traduz, no dizer de Diniz (2009, p. 520), um ato jurídico solene pelo qual, observados os requisitos legais, alguém estabelece, independentemente de qualquer relação de parentesco consaguíneo ou afim, um vínculo fictício de filiação, trazendo para sua família, na condição de filho, pessoa que geralmente lhe é estranha. Ou,

12. Ferreira, Márcia Regina Porto; Carvalho, Sônia Regina (2000, p. 23).

como assevera Silva Filho (2009, p. 73), a adoção é um ato jurídico complexo que estabelece vínculo de filiação. Complexo porque não depende apenas da vontade das partes envolvidas, há necessidade de intervenção jurisdicional para a sua concretização.

Pela adoção, a criança incorpora-se numa nova família, dando origem a uma filiação legal. A sistemática adotada pelo ECA, e referendada pela Lei n. 12.020/09, visa a proteção da criança e ganhou contornos que buscam democratizar e facilitar o processo adotivo. No entanto, mister se faz a observância de alguns requisitos legais para que a adoção venha a se concretizar de maneira satisfatória. Os capítulos seguintes apontam tais requisitos relativos aos adotantes e adotados.

5. Requisitos pessoais relativos aos adotantes

Foram estabelecidos vários requisitos para os adotantes a fim de efetivar a adoção. Estes requisitos aplicam-se tanto à adoção de pessoas maiores como menores de 18 anos, com as especificidades de cada caso, ou seja, deve-se analisar cada um de acordo com o tipo de adoção para ver sua pertinência.

A seguir, são apontados tais requisitos:

5.1 Adoção por procuração

A adoção é um ato pessoal do adotante, eis que a lei veda a adoção por procuração (ECA, art. 39, § 2º). Vale também para a adoção da pessoa maior de 18 anos. Esta regra visa impedir que o adotante, através de procuradores, venha a concretizar o processo de adoção sem qualquer contato com o adotando. Trata-se de conferir à adoção um exercício de direito personalíssimo, com manifestação de vontade própria para a constituição do vínculo parental.[13]

---

13. Como lembra Silva Filho (2009, p. 91): A doutrina nacional já assinalava os inconvenientes da adoção por procuradores. Era frequentemente utilizada nas adoções por estrangeiros. O instru-

5.2 Idade

Qualquer pessoa, desde que maior de 18 anos de idade, no gozo de sua saúde física e mental, poderá adotar. A Lei n. 12.010/09 adequou à idade de 18 anos prevista no Código Civil ao que estabelecia o ECA, que era 21 anos de idade.

Quanto ao requisito idade, aponta Gesse (2010, p. 7) que a

> emancipação, casamento ou outra causa que conduza a pessoa à maioridade não autoriza a adoção. Caso o matrimônio ou os outros motivos da emancipação também possibilitassem a adoção, o legislador teria, ao invés de estabelecer que podem adotar as pessoas maiores de 18 anos, por exemplo, teria estabelecido que pode adotar todo aquele que adquirir a maioridade civil; não o fez, entretanto. É clara, pois, a opção pela maioridade cronológica.

Diante da atual situação social, onde a paternidade/maternidade está sendo assumida com precocidade, a redução de 21 para 18 anos de idade para adotar retrata essa realidade, o que não quer significar seja essa a idade ideal para se adotar. Este requisito já foi de 50 anos (CC de 1916, art. 368), depois reduzido para 30 (Lei n. 3.133/57) e 21 anos (ECA, art. 42).

O requisito idade também deve ser analisado no aspecto social e psicológico, pois nessa situação a questão é mais tormentosa, posto que sendo a adoção uma forma especial de constituição de uma família, estariam os adotantes, com 18 anos de idade, preparados para assumir tal paternidade? Como fica a questão da paternidade responsável, ou seja, os pais adolescentes estão assumindo o poder familiar em relação a seus filhos com responsabilidade? Verifica-se que a idade é um requisito objetivo, mas que deve ser analisado dentro de um contexto maior, onde se verificará a incidência dos demais requisitos de natureza subjetiva.

Quando a adoção for conjunta, ou seja, formalizada por adotantes casados ou que mantenham união estável, pelo menos uma das partes

---

mento de mandato conferia, em regra, poderes ao mandatário para adotar todas as providências tendentes a ultimar o ato. Por interposta pessoa, muitas vezes o adotante não tinha qualquer contato com o adotando e mesmo com o órgão do Judiciário.

deve satisfazer o requisito idade, ou seja, que tenha a idade de 18 anos ou mais.

5.3 Estado civil do adotante

A adoção independe do estado civil do adotante. Assim, podem adotar os solteiros, separados, divorciados, viúvos, casados, os conviventes e os concubinos. Optou o legislador em garantir uma família para a criança ou o adolescente, pouco importando se a mesma se constitui nos moldes tradicionais (biparental) ou de forma monoparental. No entanto, deixou claro que quando a adoção for conjunta, é indispensável que os adotantes sejam casados civilmente ou mantenham união estável com a comprovação da estabilidade familiar.

Os divorciados ou separados judicialmente e os ex-companheiros poderão adotar sozinhos ou em conjunto. Nesta última hipótese, ou seja, na adoção em conjunto, são necessários alguns requisitos específicos como: a) fazer a prova de que o estágio de convivência com o menor tenha sido iniciado na constância do período de convivência; b) declararem a qual dos dois adotantes caberá a guarda do adotando; c) fixar, desde logo, o regime de visita; d) comprovar a existência de vínculos de afinidade e afetividade com aquele não detentor da guarda, para justificar a excepcionalidade da medida. Especificamente em relação à guarda nesta espécie de adoção, o legislador, ciente da necessidade de assegurar a paternidade e a maternidade responsável e a convivência do filho com ambos os pais, estabeleceu que seja assegurada a guarda compartilhada[14] da criança e ou adolescente adotado. No entanto, determinou que tal hipótese somente se verifique quando demonstrado o efetivo benefício ao adotando.

---

14. Segundo o artigo 1.583, § 1º do Código Civil, a guarda compartilhada é a responsabilização conjunta e o exercício de direitos e deveres do pai e da mãe que não vivam sob o mesmo teto, concernentes ao poder familiar dos filhos comuns. Refere-se à responsabilização e exercício conjunto de direitos e deveres concernente ao poder familiar. Trata-se de uma forma de garantir a corresponsabilidade parental com a efetiva participação dos genitores nos destinos do filho.

5.4 Diferença de idade entre adotante e adotado

O adotante deverá ser 16 anos mais velho que o adotando (ECA, art. 42, § 3º). Tal regra permaneceu no novo Código Civil (art. 1.619).

Quando a adoção for realizada com cônjuges ou conviventes, é necessário que ambos sejam 16 anos mais velho que o adotando? Segundo Gesse (2010, p. 13), existem três posicionamentos a respeito: a) não é possível porque esbarra na exigência do artigo 42, § 3º do ECA; b) é possível, desde que represente real vantagem para o adotando; c) a adoção deve ser deferida somente ao consorte ou convivente que seja pelo menos 16 anos mais velho que o adotando. A segunda posição se apresenta mais adequada aos princípios do ECA quando defere a adoção, desde que pelo menos um dos conviventes ou cônjuges tenha mais de 16 anos de idade do que o adotando.

Esta diferença de idade também se aplica à adoção civil, ou seja, nesta hipótese, o adotante deverá ter, no mínimo, 34 anos, já que a mesma ocorre quando o adotando possuir mais de 18 anos de idade.

5.5 Compatibilidade do adotante com a adoção

O adotante deve revelar compatibilidade com o instituto da adoção e oferecer ambiente familiar adequado (ECA, art. 29).

O envolvimento com substância entorpecente, a prática de maus-tratos, opressão ou abuso sexual caracterizam-se como empecilhos para se adotar, uma vez que o Estatuto da Criança e do Adolescente declara que toda criança, ou adolescente, tem direito de ser criado e educado em ambiente livre da presença de pessoas dependentes de substância entorpecente (ECA, art. 19), com respeito à sua dignidade e integridade física, psíquica e moral (ECA, arts. 17, 18 e 130). No entanto, não é só o envolvimento dos adotantes com esses crimes de uso ou tráfico de entorpecente, prática de maus-tratos ou abuso sexual que revelam a incompatibilidade da medida. Outros delitos, principalmente de natureza sexual, também revelam esta impossibilidade de se efetivar a adoção. Daí porque, a nova lei ao tratar da habilitação dos pretendentes à adoção estabeleceu a necessidade de se anexar a certidão de antecedentes criminais (art. 197-A do ECA).

No entanto, esse ambiente familiar adequado não se restringe apenas à questão penal. Esta análise é bem mais ampla e é uma tarefa a ser desempenhada, principalmente pela equipe técnica da Justiça da Infância e da Juventude. Esse requisito deve ser analisado quando da habilitação dos pretendentes ao cadastro de adoção, bem como na avaliação do estágio de convivência, ou seja, antes e durante o processo adotivo.

6. Requisitos relativos aos adotados (crianças e adolescentes)

Para a concretização da adoção são necessários, além dos requisitos mencionados referentes aos adotantes, outros que se referem às crianças e aos adolescentes que serão adotados. Estes requisitos foram estabelecidos dentro do capítulo referente à adoção previsto no ECA, e sofreu algumas alterações com a introdução da Lei n. 12.010/09 e são os seguintes:

6.1 Idade do adotando

Como regra geral, o adotando deverá contar com, no máximo, 18 anos de idade na época do pedido, salvo se já estiver sob a guarda ou tutela do adotante (ECA, art. 40). Acima dos 18 anos, a adoção far-se-á nos termos do Código Civil, através de processo judicial, aplicando-se, no que couber, as regras do Estatuto da Criança e do Adolescente.[15]

Como exceção, estabelece o disposto no parágrafo único, dos artigos 2º e 40 do ECA, que há possibilidade de se ajuizar pedido de adoção para adotado com mais de 18 e menos de 21 anos de idade. O ECA estabelece

15. Art. 1.619 do Código Civil, com a redação que lhe foi dada pela Lei n. 12.010/09.

que essa hipótese somente é possível quando o adotando estiver sob a guarda ou tutela dos adotantes. A questão que se apresenta em face dessa disposição legal é na situação de o adotando já se encontrar integrado na família substituta e bem adaptado e os adotantes não possuírem o termo de guarda ou de tutela. Indaga-se: é possível o pedido de adoção? A resposta é afirmativa. A integração e a adaptação do adotando à família dos adotantes que justifica a adoção não se comprova apenas pelo termo de guarda ou tutela, e sim através dos estudos técnicos e provas documental e testemunhal que atestem os laços de afinidade e afetividade entre as partes que autorizam a constituição da família substituta. Ademais, esta medida se apresenta mais adequada ao princípio da proteção integral estabelecido pela legislação.

6.2 Oitiva do adotando

O adotando sempre que possível, deverá ser previamente ouvido a respeito da colocação em família substituta (guarda, tutela e adoção) e sua opinião considerada (ECA, arts. 28, § 1º, e 168). A regra vale tanto para a criança como para o adolescente, ou para o maior, na adoção civil.

Quanto à criança, esta oitiva se processará pela equipe interprofissional, devendo ser respeitado o seu estágio de desenvolvimento e grau de compreensão sobre a medida tomada. Entretanto, em se tratando de pré-adolescente, com 10 ou 11 anos de idade, é conveniente que esta oitiva também ocorra pelo Juiz que preside o processo de colocação em família substituta. Em outros termos, essa oitiva não é exclusiva da equipe interprofissional.

No entanto, no caso específico da adoção, o adotando maior de 12 anos deve, obrigatoriamente, ser ouvido pelo Juiz que preside o feito, manifestando em audiência o seu consentimento em relação ao pedido (ECA, art. 45, § 2º). Trata-se do corolário do direito de liberdade de opinião, expresso no artigo 16, II, do ECA.

A discordância do adotado, com mais de 12 anos de idade, com relação ao pedido de adoção, consiste em causa para a improcedência da ação.[16] Agora, a concordância não é absoluta, posto que devem ser verificados os demais requisitos da adoção, principalmente se esta lhe trará efetivo benefício, bem como a existência de laços de afinidade e afetividade e se funda em motivos legítimos.

A oitiva do adotante pode ser dispensada, caso o mesmo não puder expressar a sua manifestação de vontade, como, por exemplo, se for portador de alguma deficiência que lhe impeça tal manifestação. Também não se apresenta necessária a intervenção da equipe interprofissional na oitiva de crianças recém-nascidas.

6.3 Adoção de irmãos

Estabeleceu o legislador que os grupos de irmãos devem ser colocados em adoção na mesma família substituta (ECA, art. 28, § 4º). Visa a não separação dos irmãos que estão disponíveis para adoção. Tal regra já é observada pelos operadores do direito e técnicos envolvidos em adoção, pois é pensamento comum que os irmãos fiquem juntos, até para minorar os efeitos da medida.

Como exceção, o legislador fixou que a separação dos irmãos pode ocorrer se "comprovada existência de risco de abuso ou outra situação que justifique plenamente a excepcionalidade de solução diversa, procurando-se, em qualquer caso, evitar o rompimento definitivo dos vínculos fraternais". Às vezes, uma prole muito numerosa impede que a adoção seja formalizada por um único pretendente. Em outras oportunidades, a diferença de idade entre os irmãos também se apresenta como empecilho, pois a adoção de uma criança de pouca idade é mais fácil de concretizar do que uma mais velha. Quando não, problemas ligados à saúde ou deficiência podem impedir a manutenção dos irmãos. Na verdade, toda esta situação deve ser analisada caso a caso, visando uma solução que melhor atenda aos interesses dos irmãos, ressaltando que às vezes, quando os

16. Silva Filho (2009, p. 196) manifesta-se diferentemente, afirmando que "o não consentimento de adotando maior de 12 anos, por si só, não impede a adoção. Nesta hipótese, o juiz deve examinar todo o conjunto probatório para investigar as causas do não assentimento para firmar o seu convencimento".

irmãos são muito ligados um ao outro, a separação é dolorosa e traumática. Porém, quando não há ligação afetiva entre os irmãos, a separação acarreta pouca consequência.

Há necessidade de estimulo do poder público para incentivar a adoção de irmãos por parte de uma única família substituta.

7. Outros requisitos para a adoção

Além dos requisitos específicos estabelecidos para adotante e adotado, o legislador também especificou outros que devem ser analisados quando do pedido de adoção e que envolvem uma análise mais ampla da relação traçada entre as partes processuais.

7.1 Requisito de natureza subjetiva

A adoção deve apresentar reais vantagens ao adotando e fundar-se em motivos legítimos (art. 43 do ECA). Pontifica Veronese (1997, p. 59) que, "através da adoção, estabelece-se uma filiação desbiologizante, uma verdadeira opção de maternidade/paternidade, uma filiação cujo único fim é o amor".

Este requisito busca aferir esta circunstância, afastando toda e qualquer situação que venha a prejudicar o adotando, no aspecto psicológico, social ou assistencial. Real vantagem ao adotando não significa vantagem patrimonial, mas situações que revelem a efetiva garantia do direito a convivência familiar, em condições de possibilitar um desenvolvimento sadio e harmonioso ao adotando.

Sua análise está diretamente ligada à motivação da adoção e fica mais direcionada ao trabalho a ser desenvolvido pela equipe interprofissional quando da elaboração do laudo referente ao caso e do estágio de convivência.

No processo de adoção, no qual ocorra o contraditório, verifica-se a presença das partes (correspondente aos pretendentes à adoção e os genitores biológicos) com seus respectivos advogados, do Ministério Público e do Juiz, todos envolvidos numa questão onde o objetivo principal é o destino de uma criança ou de um adolescente. É natural, pois, que a solução processual seja aquela que melhor atenda aos interesses do adotando, ou, como diz a lei, aquela que apresentar reais vantagens ou efetivo benefício a ele (ECA, art. 43 e CC, art. 1.625). Esta identificação de objetivo pode ser comum entre Magistrado e Ministério Público, sendo que, em relação ao advogado, o interesse do adotando, de certa forma, será aquele que coincida com o da parte que este patrocina no processo.

Em outras palavras, é difícil conceituar o que vem a ser o interesse do adotando diante dessa dualidade de posições. O assistente social e o psicólogo surgem, nesse processo adotivo, com essa situação definida, envolvendo os interesses do menor, as partes, advogados, promotores e juízes.

A presença do técnico no processo adotivo visa identificar o interesse do adotando — crianças e adolescentes —, ou seja, buscar a solução que melhor atenda aos seus interesses e expectativas, e lhes apresente reais vantagens e benefícios, ou, como definem alguns doutrinadores, "o bem do menor". Trata-se de uma questão que envolve critério subjetivo, com elementos não palpáveis, como interesse moral, interesse futuro, interesse familiar, afinidade, afetividade, reais vantagens etc.

Assim, a razão da intervenção técnica no processo adotivo é de auxiliar o Judiciário, e, indiretamente, as partes do processo, na busca do que representa o "bem do menor", ou a solução que melhor atenda aos interesses da criança ou do adolescente a ser adotado, levando-se em consideração suas condições pessoais e morais, bem como daqueles que pretendem adotá-lo.

Leite (1977, p. 197), analisando a jurisprudência, aponta algumas situações que levam à identificação desse interesse, como

> o desenvolvimento físico e moral da criança, a qualidade de suas relações afetivas e sua inserção no grupo social constituem pontos de referência do "interesse do menor". Outros juízes levam em consideração a pessoa da criança, como a idade, o sexo, a irmandade.

O Estatuto da Criança e do Adolescente aponta, como referencial para a identificação do interesse do menor, questões como: grau de parentesco, relação de afinidade ou de afetividade (art. 28, § 2º), ambiente familiar adequado (art. 29), ambiente livre de presença de pessoas dependentes de substância entorpecente (art. 19), motivos legítimos para a adoção (art. 43). São também situações que afastam o motivo legítimo da adoção aquelas que poderão envolver transplante de órgãos, trabalho escravo ou exploração sexual. Também se revelam como situações que não se apresentam como vantajosas ao adotando eventual angústia do mesmo em face dos vínculos afetivos com a família biológica,[17] grande diferença de idade entre adotante e adotado,[18] ruptura dos irmãos.

O papel da equipe técnica é identificar esse interesse, a fim de minorar as consequências da medida a ser tomada. Para tanto, deve lançar mão de todos os meios disponíveis para o melhor desenvolvimento de seus trabalhos, analisando as partes do processo (pretendentes à adoção e genitores biológicos) e o menor a ser adotado, que deve ser entrevistado, pois sua opinião deve ser levada em consideração, diante da expressa determinação legal (ECA, arts. 28, § 1º, e 45, § 2º e CC, art. 1.621).

Um estudo social, ou perícia, realizado com base nestes fundamentos, possibilita a determinação do interesse da criança, ou do adolescente, auxiliando na solução jurídica que melhor atenda ao adotando, ou a que seja menos ruim para o seu desenvolvimento.

Por fim, cumpre anotar que o preparo do corpo técnico é de suma importância para uma intervenção satisfatória no processo de adoção. Com efeito, irá lidar com questões delicadas, envolvendo relações humanas, com uma ruptura da ligação entre mãe/filho e a constituição de uma nova família, que pode se iniciar com um adotante solteiro, do sexo masculino, ou pretendentes homossexuais. Identificar as reais vantagens do processo adotivo frente a essas considerações exige uma boa qualificação do técnico.

---

17. Apelação Cível n. 68.953, TJSP, Câmara Especial. Relator: Jesus Lofrano, 13/4/2000.

18. Apelação Cível n. 38.309-0, TJSP, Rel. Dirceu de Mello, 18/9/1997.

7.2 Consentimento dos pais do adotando

A adoção, por interferir na relação parental, depende do consentimento dos pais, ou representante legal do adotando, que poderá ser dispensado, quando sejam desconhecidos, ou tenham sido destituídos do poder familiar (ECA, art. 45, § 1º).

Este consentimento e sua consequente dispensa está relacionado ao pedido de adoção formulado de forma consensual, pois se há discordância dos pais biológicos para a adoção do filho, o deferimento só é possível no caso de haver provas de conduta que leve à destituição do poder familiar. Nesse caso estabelece o artigo 166 do ECA:

> Art. 166. Se os pais forem falecidos, tiverem sido destituídos ou suspensos do poder familiar, ou houverem aderido expressamente ao pedido de colocação em família substituta, este poderá ser formulado diretamente em cartório, em petição assinada pelos próprios requerentes.
> Parágrafo único. Na hipótese de concordância dos pais, eles serão ouvidos pela autoridade judiciária e pelo representante do Ministério Público, tomando-se por termo as declarações.

Assim, podem-se estabelecer as seguintes regras:

a) Na adoção consensual, é necessário o consentimento dos pais, cuja concordância deverá ser expressa perante o Juiz e o Promotor de Justiça, em termo de declaração. Esta concordância pode ser colhida em qualquer processo para colocação da criança em família substituta (guarda, tutela ou adoção). Não pode ser aceita outra maneira de manifestação de vontade dos pais, como declaração em instrumento particular ou em cartório concordando com a colocação da criança para adoção.

b) Este consentimento será dispensado caso os pais sejam desconhecidos, falecidos (causa extintiva do poder familiar) ou tenham sido destituídos do poder familiar.

c) Caso não concordem com o pedido ou não possam expressar sua manifestação (na hipótese de estarem em local ignorado ou se são interditados civilmente), a adoção deve ser cumulada com a consequente destituição do poder familiar.

Desta forma, o consentimento dos pais torna-se um requisito necessário para a adoção, quando estes aderem ao pedido, pois do contrário, oferecendo resistência ou não podendo expressar sua manifestação, o requisito pode ser suprido pela decisão judicial, que decreta a perda do poder familiar, o que implica em considerar que o consentimento dos pais não é causa de destituição,[19] e sim de extinção do poder familiar.[20]

Vale destacar que tal consentimento deve ser espontâneo, retrato de uma manifestação de vontade livre, sem a ocorrência de vício que venha a comprometê-lo. Mas o consentimento pode ser retratado até a prolação da decisão que analisa o pedido de adoção. Com a retratação e resistência à adoção, a mesma não mais pode ser processada na forma do artigo 166 do ECA, devendo ser produzida prova quanto à ocorrência de uma das causas que justifique a destituição do poder familiar.

8. Modalidades de adoção

A adoção é única assim, como os efeitos por ela produzidos, pois com a vigência do ECA, e posteriormente do Código Civil e da Lei n. 12.010/09, não há mais qualquer distinção no instituto da adoção, como ocorria no passado, onde se qualificava a adoção como simples ou plena, com consequências jurídicas importantes decorrentes da separação, como por exemplo na questão patrimonial e na revogação do ato.

No entanto, a adoção reflete a evolução da família e esta mudou radicalmente, alterando a sua forma de constituição, tanto que a própria Constituição Federal acabou por defini-la como sendo a comunidade formada por qualquer dos pais e seus descendentes (art. 226, § 4º). O ECA

---

19. As causas de destituição do poder familiar estão previstas nos artigos 20 e 22 do ECA, e 1.638 do Código Civil.

20. A extinção do poder familiar está prevista no artigo 1.635 do Código Civil.

reforçou tal concepção e agregou o conceito de família substituta e família extensa ou ampliada.

Essa evolução acarretou características específicas na adoção, que, como se afirmou, apesar de ser única, acabou por receber designações outras para especificar situações que interferem no modo da sua concretização. Dentre estas modalidades, com designações específicas de caráter doutrinário, podem-se arrolar as seguintes situações:

- Adoção singular, unilateral e conjunta.
- Adoção póstuma.
- Adoção por estrangeiro.
- Adoção por ascendentes e irmãos do adotando.
- Adoção por tutor e curador.
- Adoção por conviventes.
- Adoção *intuiti persona.*
- Adoção tardia e inter-racial.

Verifica-se, pelas designações, que de acordo com a situação do pretendente à adoção ou da qualidade do adotando, a mesma recebe uma designação, sem, contudo, interferir na essência do instituto que se traduz como uma forma de colocação de criança e adolescente em família substituta, constituindo um vínculo fictício de filiação, atribuindo ao adotando a condição de filho, "independentemente de qualquer relação de parentesco consanguíneo ou afim". Com a análise destas modalidades, resta evidente tal assertiva.

8.1 Adoção singular, unilateral e conjunta

A **adoção singular**, segundo define Gesse (2010, p. 6) é "aquela que pode ser realizada por qualquer pessoa maior e capaz, o homem e a mulher solteiros, divorciados ou juridicamente separados". Também podem adotar de forma singular os(as) viúvos(as) e os separados de fato. Como a adoção pode ser concretizada por qualquer pessoa maior de 18 anos de idade, independente de seu estado civil, verifica-se que a adoção singular representa uma adoção individual, formulada por uma única pessoa. Trata-se de uma forma de constituição de família monoparental,[21] ou seja, aquela formada pelo pai e filho ou mãe e filho.

Também pode ocorrer a adoção singular na hipótese do homem (ou da mulher) que é casado ou que conviva em união estável e cujo consorte ou convivente não queira participar da adoção, embora concorde que seu parceiro realize esse ato jurídico individualmente. Nessas hipóteses, escreve Gesse (2010, p. 6), "o adotando passaria a ser enteado do cônjuge ou convivente do adotante". Trata-se de uma hipótese mais rara de acontecer e que merece uma atenção especial da equipe técnica para avaliar a relação que se firma entre o cônjuge ou convivente que não pretende adotar a criança, mas que conviverá com ela em face da relação estabelecida com o adotante.

Assim, a adoção singular apresenta-se hoje como "uma forma diferente de ter filhos", e por consequência, de constituir uma família. Não se trata mais de imitar a natureza, quando esta falha, ou, os padrões preestabelecidos para a constituição da família. Trata-se, na verdade, de uma maneira de garantir à criança e ao adolescente o direito à convivência familiar, independente da forma de constituição desta família, garantindo pais para crianças que já existem.

Adoção unilateral: Esta modalidade de adoção está prevista no artigo 41, § 1º, do ECA:

> § 1º — Se um dos cônjuges ou concubinos adota o filho do outro, mantêm-se os vínculos de filiação entre o adotado e o cônjuge ou concubino do adotante e os respectivos parentes.

Verifica-se que a mesma ocorre quando o padrasto ou a madrasta vem a adotar o(a) filho(a) do(a) seu companheiro(a). Como afirma Gesse (2010, p. 6) a adoção unilateral "é aquela levada a efeito pelo padrasto ou

21. Segundo Leite (1997, p. 22), uma família é definida como monoparental "quando a pessoa considerada (homem ou mulher) encontra-se sem cônjuge ou companheiro e vive com uma ou várias crianças".

pela madrasta em relação ao filho do seu consorte ou companheiro". É a possibilidade legal de o padrasto e a madrasta se tornarem, respectivamente, pai e mãe do adotando, regularizando uma situação de fato concernente à posse do estado de família.

Tem como característica ser uma adoção que é formalizada por uma única pessoa (mas difere da adoção singular, posto que o adotante tem vínculos com o companheiro ou consorte genitor(a) da criança adotada) e onde não há o rompimento de vínculos parentais do adotando com "a mãe ou pai biológico, se for respectivamente adotado pela madrasta ou padrasto, modernamente denominados de pai ou mãe afim" (Gesse, 2010, p. 6). Ou como afirma Silva Filho (2009, p. 114) na adoção unilateral "a substituição da filiação só ocorre na linha materna ou paterna, mantendo-se os vínculos da família do pai ou da mãe consanguíneos e seus parentes". Esta modalidade de adoção pode ocorrer nas seguintes hipóteses:

a) a mais comum é quando o adotando foi reconhecido apenas por um dos genitores biológicos. Quando na certidão de nascimento não consta o nome do pai ou da mãe (hipótese mais rara) e o padrasto ou madrasta manifesta o desejo, em conjunto com a genitora ou genitor biológico, de regularizar uma situação de fato, contando com a concordância do adotando, se for maior de 12 anos.

b) quando o adotante foi reconhecido pelos genitores, mas um deles consente com a adoção ou apresente causa que justifique a destituição do poder familiar.

c) a última hipótese é mais polêmica, refere-se à adoção unilateral no caso de orfandade, ou seja, se o pai ou mãe biológica falecem, e o padrasto ou madrasta ingressam com o pedido de adoção, contando com a concordância do pai ou da mãe que ainda vive. Essa hipótese foi bem analisada por Gesse (2010, p. 7) ao afirmar:

> Nada obstante o posicionamento favorável de alguns doutrinadores, não me parece acertado possibilitar em todos os casos de orfandade a adoção unilateral. É que o parentesco paterno-filial e materno-filial não pode ficar somente à mercê do filho e do pai que ainda lhe resta vivo. Esse parentesco constitui-se também em direito subjetivo, e a meu ver fundamental, dos parentes do pai ou da mãe que faleceu, isto é, extrapola os limites do paren-

tesco de primeiro grau da linha reta, para alcançar aqueles de grau mais remoto, seja na mesma linha reta ou na colateral. É direito familiar *lato sensu*. Como permitir o afastamento ou o fim do parentesco avoengo do neto entre avós e netos cujo pai ou mãe faleceu? A morte dos pais não serve como meio de autorizar a adoção unilateral. Ela não se presta nem para estimular, nem para impedir a realização dessa espécie de adoção. A meu ver, a adoção unilateral do órfão (de pai ou de mãe) só seria viável se houvesse motivos para o pai ou a mãe ter sido afastado ou destituído do poder familiar.

Esta solução apresenta-se, num primeiro plano, mais conveniente, ou seja, de justificar a adoção unilateral no caso de orfandade se ocorrer algum dos motivos que autorizam a destituição do poder familiar. Além desta hipótese, justificaria também a adoção unilateral quando, mesmo que não houvesse qualquer causa para justificar a destituição do poder familiar, os avós concordassem com a adoção pleiteada pelo padrasto ou madrasta. Nesse caso, seriam chamados a intervir no processo de adoção.

Numa análise mais ampla, entretanto, verifica-se que o instituto da adoção reserva especial atenção à criança e ao adolescente, ou seja, no conflito de interesses entre eles os avós e eventuais parentes que integram a família extensa ou ampliada, prevalece o interesse da criança ou do adolescente — o melhor interesse do menor. Deve-se, também, analisar a questão da afinidade e afetividade que liga a criança aos avós e demais parentes para se justificar a interpretação acima. Assim, mesmo que os avós não concordem com a adoção unilateral requerida pelo padrasto ou madrasta, se esta vier a beneficiá-los, não há razão para o seu não acolhimento, mesmo que não ocorra uma hipótese justificadora da destituição do poder familiar do genitor ou genitora falecida.

A **adoção conjunta**, como o próprio nome está a designar, refere-se à formalizada pelo marido e mulher ou por conviventes, comprovando a união estável, a estabilidade da família. Está prevista no artigo 42, § 2º do ECA que diz:

> Art. 42, § 2º — Para a adoção conjunta, é indispensável que os adotantes sejam casados civilmente ou mantenham união estável, comprovada a estabilidade da família.

Como bem assevera Silva Filho (2009, p. 116), a "adoção, no propósito de ampliar as suas possibilidades e acolhendo o princípio constitucional" (art. 226, § 3º), "igualou, para efeito de filiação, o casamento e a união estável". Assim, a adoção pode ser requerida tanto pelos casais como pelos conviventes. Esta é a regra geral.

Ao contrário da legislação passada, não há prazo mínimo de casamento ou da união estável para possibilitar às partes o pedido de adoção. Contudo, em relação a esta última hipótese, deve-se comprovar a estabilidade da família. Apesar de posicionamentos contrários, esta adoção pode ser requerida, desde que um dos requerentes tenha mais de 18 anos de idade e que seja mais velho 16 anos do que o adotando. Nessa situação, outros requisitos devem ser analisados, como os benefícios que a adoção trará ao adotado, se se funda em motivos legítimos, se há relação de afinidade ou afetividade.

O legislador não admite a adoção conjunta quando formulada por casais formados por pessoas do mesmo sexo e reforça o que já estava previsto na Constituição Federal (art. 226, § 3°), que a proteção do Estado somente é reconhecida na união estável entre o homem e a mulher. Não obstante este posicionamento, vale registrar que existem decisões reconhecendo a adoção conjunta para casais homossexuais (união homoafetiva) com o reconhecimento dos princípios constitucionais da igualdade e da dignidade da pessoa humana.

Esta modalidade de adoção também pode ser requerida, como exceção, pelos divorciados, judicialmente separados ou ex-companheiros (ECA, art. 42, §§ 4º e 5º). Nessa hipótese, há necessidade de atendimento de alguns requisitos específicos que:

a) estabeleçam acordo com relação à guarda da criança ou adolescente adotado. Nesta hipótese, desde que demonstrado o efetivo benefício em favor do adotando, a guarda deve ser compartilhada, nos termos do artigo 1.584 do Código Civil;
b) garantam o direito de visita àquele que não ficar com a guarda;
c) a criança ou o adolescente deve ter convivido com as partes antes da separação, ou seja, o estágio de convivência deve ter sido iniciado na constância do período de convivência comum;

d) devam-se comprovar os vínculos de afinidade e afetividade com aquele não detentor da guarda.

8.2 Adoção póstuma

Caso o adotante venha a falecer no curso do procedimento judicial, poder-se-á deferir o pedido, consolidando a vontade do falecido. Os efeitos da adoção, nesse caso, retroagem à data do óbito (*ex tunc*), coincidindo com a abertura da sucessão (ECA, arts. 42, § 6º, e 47, § 7º). Constitui esta modalidade de adoção uma exceção à regra geral de que a adoção, por se tratar de direito personalíssimo, levaria à extinção do processo, caso ocorresse o falecimento do adotante e de que os efeitos da decisão não poderiam retroagir. Verifica-se que o processo não extingue e a decisão traz efeitos pretéritos.

O processamento, neste caso, ocorre da seguinte forma. Com o falecimento do adotante, suspende-se o processo, seguindo-se as regras do artigo 265, I, e § 1º c/c o art. 1.055, do Código de Processo Civil, quanto à habilitação dos herdeiros. Uma vez habilitados, o feito prossegue até a decisão final.

Para a concretização da adoção póstuma, são necessários os seguintes requisitos:

a) Tenha havido inequívoca manifestação de vontade do adotante.
b) O adotante venha a falecer no curso do procedimento.

Quanto ao primeiro requisito, ou seja, a manifestação inequívoca de vontade do adotante, indaga-se: o mesmo somente se verifica após a distribuição do pedido de adoção ou pode ocorrer antes? A interpretação mais liberal e que atende aos princípios do ECA tende a aceitar qualquer prova da intenção de se adotar, não se limitando à distribuição do processo. O importante é que o adotante tenha manifestado, em vida, a vontade de adotar.[22]

---

22. Sobre o tema vale consultar o artigo de José Luiz Mônaco da Silva, "A adoção póstuma e a prévia existência de procedimento judicial".

Em relação ao segundo requisito, o procedimento referido na lei é qualquer um relativo à colocação da criança em família substituta: guarda, tutela ou adoção.

8.3. Adoção por estrangeiro

Adoção por estrangeiros ou adoção internacional é aquela que se verifica quando os postulantes (a pessoa ou o casal) residem ou são domiciliados fora do país, conforme previsto no artigo 2º da Convenção de Haia, de 29 de maio de 1993. Tal convenção estabelece as regras básicas para esta modalidade de adoção, que foram seguidas pela legislação nacional, em obediência ao que estabelece a Constituição Federal (art. 227, § 5º).

Verifica-se que a nova legislação, de início, tratou de definir o que vem a ser a adoção internacional, afastando as discussões que eram travadas a respeito do tema, especialmente no que diz respeito à adoção de brasileiros residentes no exterior (que passa a ser tratada como adoção internacional). A definição desta modalidade de adoção não era unânime entre os doutrinadores.

O voto do desembargador Antonio Carlos Stangler Pereira, do Tribunal de Justiça do Estado do Rio Grande do Sul, proferido nos autos de agravo de instrumento (n. 70010250868 da comarca de Porto Alegre/RS, de 17 de março de 2005) bem esclarece toda esta problemática conceitual, e apesar de ter sido lançado antes do advento da alteração legislativa proporcionada pela Lei n. 12.010/09, merece destaque pelo didatismo como apresentou a questão:

> Não há consenso na doutrina quanto à exata definição de adoção internacional. Alguns autores consideram que a adoção internacional é qualificada por um elemento de estraneidade que a conecta a regras de um ordenamento jurídico estrangeiro. Nessa linha, Gustavo Ferraz de Campos Monaco:
>
> *É que a adoção internacional envolve sempre um elemento estrangeiro, motivo pelo qual sua implementação necessita ser precedida da verificação da lei que a irá reger*. (Direitos da criança e adoção internacional, p. 34)

Outros autores fazem referência à residência ou domicílio dos adotantes. Nesse aspecto, Tânia da Silva Pereira quando diz:

> *Em princípio, o entendimento consolidado tem sido no sentido de que estrangeiros e brasileiros residentes fora do país devem submeter a CEJA os documentos para a adoção; aqueles que residem em território nacional, comprovado o ânimo de permanência, serão tratados como os nacionais...* (Direito civil: atualidades, Del Rey, p. 281)

Outros ainda, como Giovane Serra Azul Guimarães, concluem que o que caracteriza a adoção como sendo internacional é a nacionalidade de ambos os adotantes:

> *Os arts. 51 e 52 tratam especificamente da adoção por estrangeiros residentes ou domiciliados fora do País, a chamada adoção internacional...* (Adoção, tutela e guarda, p. 40)

Por fim, há autores que ao conceituarem a adoção internacional, o fazem pelo traço da diversidade domiciliar entre adotante e adotado. Na citação de Antonio Chaves diz:

> *Conceitua a profa. Leila Cavallieri de Araújo, no boletim A adoção en terre des hommes (n. 19, de 26/7/1990, p. 2), a adoção internacional como a figura jurídica que envolve, como partes, adotante com domicílio em um país e adotando com residência habitual em outro.* (Direitos de família e do menor, Sálvio de Figueiredo Teixeira [org.], p. 118)

Seja como for, a leitura das disposições legais que tratam da adoção internacional dá o norte para a interpretação de que a adoção internacional é aquela em que está presente um adotante estrangeiro ou um casal estrangeiro (ambos os cônjuges ou ambos os companheiros). A lei qualifica a adoção internacional com o uso da expressão "adoção por estrangeiro".

O Código Civil 2002 diz em seu artigo 1.629:

> *Art. 1.629.* ***A adoção por estrangeiro*** *obedecerá aos casos e condições que forem estabelecidos em lei.*

O § 2º do artigo 46 e artigo 51 do Estatuto da Criança e do Adolescente diz:

> *Art. 46. A adoção será precedida de estágio de convivência com a criança ou adolescente, pelo prazo que a autoridade judiciária fixar, observadas as peculiaridades do caso.*
>
> *§ 2º Em caso de* ***adoção por estrangeiro*** *residente ou domiciliado fora do País, o estágio de convivência, cumprido no território nacional, será de no*

mínimo quinze dias para crianças de até dois anos de idade, e de no mínimo trinta dias quando se tratar de adotando acima de dois anos de idade.

*Art. 51 Cuidando-se de pedido de adoção formulado **por estrangeiro** residente ou domiciliado fora do País, observar-se-á o disposto no art. 31.*

A referência no singular decorre da singularidade em que é regulada a adoção, conforme artigo 1.622, do Código Civil:

*Art. 1.622. **Ninguém pode ser adotado por duas pessoas**, salvo se forem marido e mulher, ou se viverem em união estável.*

Ou seja, uma pessoa pode adotar. Duas pessoas somente podem adotar se forem casados ou viverem em união estável. Diante disso, quando um **casal** quiser adotar, falar-se-á em adotantes. No que toca à regra da adoção por **casal** estrangeiro (ambos os cônjuges ou ambos os companheiros), falar-se-á em "adoção por estrangeiros". Isso significa que adoção internacional pressupõe um casal estrangeiro adotante.

Logo, é possível concluir que é o **casal** de estrangeiros que qualifica a adoção como sendo internacional.

Quando apenas um dos cônjuges ou companheiros for estrangeiro, não estará qualificada a adoção como internacional. Estar-se-á diante de adoção nacional, pois só elemento de estraneidade (cônjuge ou companheiro estrangeiro) não é suficiente para impor ao outro cônjuge ou companheiro nacional o rito da adoção internacional.

O termo no plural está presente na Constituição da República:

Art. 227. ...

*§ 5º — A adoção será assistida pelo Poder Público, na forma da lei, que estabelecerá casos e condições de sua efetivação por parte de **estrangeiros**.*

A doutrina de Carlos Eduardo Pachi está em sintonia com as normas referidas, ao dizer (*Estatuto da Criança e do Adolescente comentado.* 3. ed. Munir Cury, Antonio Fernando do Amaral e Silva e Emílio García Mendez [coords.], p. 157):

*Já o § 2º do art. 46 estabelece, como estágio probatório obrigatório mínimo, no caso de adoção de criança brasileira, **por estrangeiros** residentes ou domiciliados fora do País...*

Esse também é o entendimento deste Tribunal, manifestado na ementa a seguir:

*ADOÇÃO INTERNACIONAL. Requisitos. No caso de adoção internacional, ou seja, **pretendentes estrangeiros a uma adoção de criança bra-***

> ***sileira**, os requisitos são os mais explícitos, devendo inclusive ser cumprido aquele de habilitação junto ao Juizado da Infância e da Juventude (resumo).* (Agravo de Instrumento n. 591033642, 8ª Câmara Cível, Tribunal de Justiça do RS, Rel. Clarindo Favretto, julgado em 22/8/1991)
>
> Assim, o que qualifica a adoção como internacional é o fato de ambos os cônjuges, ou companheiros, serem estrangeiros. Quando um dos cônjuges adotantes é brasileiro, ainda que casado com estrangeiro, a adoção é nacional.

Como afirmado, toda esta questão está superada em face do novo regramento que estabelece o critério da residência fora do país como elemento caracterizador da adoção internacional, o que implica considerar esta modalidade de adoção para os brasileiros residentes no exterior. No entanto, mantém a sua preferência em relação aos adotantes estrangeiros, por força do disposto no artigo 51, § 2º que assim estabelece:

> Art. 51. ... § 2º — Os brasileiros residentes no exterior terão preferência aos estrangeiros, nos casos de adoção internacional de criança ou adolescente brasileiro.

Caracteriza-se essa modalidade de adoção pela aplicação de mais de um ordenamento jurídico e por envolver pessoas subordinadas a diferentes soberanias (a criança ou o adolescente do Brasil e os pretendentes a adoção de outro país).

As alterações legislativas proporcionadas pela vigência da Lei n. 12.010/09 reafirmam a excepcionalidade da adoção realizada por estrangeiros. A família natural continua a ser a regra para a criação e a educação da criança e do adolescente. Na sua falta, opta-se pela família extensa ou ampliada (ECA, art. 25, parágrafo único). Na impossibilidade, a colocação em família substituta, na modalidade de guarda, tutela ou adoção, deve ser conferida aos interessados brasileiros, mesmo que residam no exterior. Somente após, vencidas tais etapas, e se não tiver adotantes brasileiros residentes no exterior é que se apresenta a adoção por estrangeiro como alternativa para a colocação da criança em família substituta, e somente na modalidade de adoção, vedada a colocação sob guarda ou tutela (ECA, art. 31).

A lei é manifesta nesse sentido, quando estabelece:

> Art. 31. A colocação em família substituta estrangeira constitui medida excepcional, somente admissível na modalidade de adoção.
> Art. 39. ... § 1º — A adoção é medida excepcional e irrevogável, à qual se deve recorrer apenas quando esgotados os recursos de manutenção da criança ou adolescente na família natural ou extensa, na forma do parágrafo único do art. 25 desta lei.
> Art. 50. ... § 6º — Haverá cadastros distintos para pessoas ou casais residentes fora do País, que somente serão consultados na inexistência de postulantes nacionais habilitados nos cadastros mencionados no § 5º deste artigo.
> Art. 51. ...
> § 1º — A adoção internacional de criança ou adolescente brasileiro ou domiciliado no Brasil somente terá lugar quando restar comprovado: II — que foram esgotadas todas as possibilidades de colocação de criança ou adolescente em família substituta brasileira, após consulta aos cadastros mencionados no artigo 50, desta Lei;
> § 2º — Os brasileiros residentes no exterior terão preferência aos estrangeiros, nos casos de adoção internacional de criança ou adolescente brasileiro.

Resta evidente, pois, que a adoção por estrangeiros (adoção internacional) é uma medida excepcional, de caráter subsidiário, que somente terá lugar quando esgotados todos os meios para a colocação da criança no Brasil ou no estrangeiro quando for interessada pessoa ou casal brasileiros. Vale destacar que esta questão referente à excepcionalidade da adoção internacional não encontra posicionamento uniforme na doutrina e jurisprudência, apontando alguns o critério discriminador da medida.

A adoção por estrangeiro apresenta duas fases distintas para a sua concretização: a) o cadastro preliminar (habilitação); b) o processo de adoção.

a) **Habilitação**: As alterações advindas da Lei n. 12.010/09 traduziram o que estabelece a Convenção de Haia, de 29 de maio de 1993, a respeito do procedimento preliminar de cadastro. Em síntese, as regras previstas no artigo 52 do ECA são as seguintes:

> I — a pessoa, ou casal estrangeiro, interessado em adotar criança ou adolescente brasileiro, deverá formular pedido de habilitação à adoção

> perante a Autoridade Central, em matéria de adoção internacional, no país de acolhida, assim entendido aquele onde está situada sua residência habitual;
> II — se a Autoridade Central do país de acolhida considerar que os solicitantes estão habilitados e aptos para adotar, emitirá um relatório que contenha informações sobre a identidade, a capacidade jurídica e adequação dos solicitantes para adotar, sua situação pessoal, familiar e médica, seu meio social, os motivos que os animam e sua aptidão para assumir uma adoção internacional;
> III — a Autoridade Central do país de acolhida enviará o relatório à Autoridade Central Estadual, com cópia para a Autoridade Central Federal Brasileira;
> IV — o relatório será instruído com toda a documentação necessária, incluindo estudo psicossocial elaborado por equipe interprofissional habilitada e cópia autenticada da legislação pertinente, acompanhada da respectiva prova de vigência;
> V — os documentos em língua estrangeira serão devidamente autenticados pela autoridade consular, observados os tratados e convenções internacionais, e acompanhados da respectiva tradução, por tradutor público juramentado;
> VI — a Autoridade Central Estadual poderá fazer exigências e solicitar complementação sobre o estudo psicossocial do postulante estrangeiro à adoção, já realizado no país de acolhida;
> VII — verificada, após estudo realizado pela Autoridade Central Estadual, a compatibilidade da legislação estrangeira com a nacional, além do preenchimento por parte dos postulantes à medida dos requisitos objetivos e subjetivos necessários ao seu deferimento, tanto à luz do que dispõe esta Lei como da legislação do país de acolhida, será expedido laudo de habilitação à adoção internacional, que terá validade por, no máximo, 1 (um) ano.

Verifica-se que o processo de habilitação se inicia no país de origem do interessado, que verificará a compatibilidade da medida e se os mesmos estão aptos a adotar, inclusive com avaliação psicossocial. Na verdade, este cadastramento é realizado no interesse do adotando, ou seja, se o interessado está apto a recebê-lo e de acordo com os requisitos do país de origem. A documentação é encaminhada à Autoridade Central Federal e Estadual Brasileira.[23] No Estado, o pedido de habilitação prosseguirá, podendo ser exigida a complementação da documentação apresentada ou do estudo psicossocial. Satisfeitos todos os requisitos, a Autoridade Central Estadual emitirá um laudo de habilitação pelo prazo de 01 ano. Com esse documento em mãos, o interessado estrangeiro poderá postular a adoção de uma criança no Brasil, especificamente no Estado onde se cadastrou.

Caso a legislação do país de acolhida autorizar, o pedido de habilitação à adoção internacional pode ser intermediado por organismos credenciados, que buscam facilitar a tramitação do processo. As alterações proporcionadas pela Lei n. 12.010/09 estabeleceu todo um regramento específico a respeito de tais organismos, para o seu regular funcionamento.[24]

b) **Processo de adoção**: vencida a etapa da habilitação, inicia-se o processo de adoção, propriamente dito, que deverá seguir o rito previsto nos artigos 165 a 170 do ECA, com a obediência de todos os requisitos previstos para o processo de adoção em geral. No entanto, a par das exigências normais, observar-se-ão algumas peculiaridades específicas para adoção internacional:

1) Estágio de convivência: será obrigatório o estágio a ser cumprido no território nacional (ECA, art. 46, § 3º) pelo prazo mínimo de 30 dias, independente da idade do adotando.

2) Não será permitida a saída do adotando do território nacional, antes de transitar em julgado a decisão que concedeu a adoção internacional. Após o trânsito em julgado da decisão, será expedido alvará judicial autorizando a viagem, bem como a expedição de passaporte.

3) A apelação contra a sentença que deferir a adoção internacional será recebida no efeito devolutivo e suspensivo (art. 199-A) e constitui uma exceção à regra geral.

---

23. CEJAI — Comissão Estadual Judiciária de Adoção Internacional.

24. ECA, art. 52, §§ 1º a 15.

4) A qualquer tempo, pode a Autoridade Central Brasileira solicitar informações sobre a situação da criança ou adolescente adotado.

Um dos principais efeitos da adoção internacional refere-se à nacionalidade e cidadania do adotando, posto que proferida a decisão e o país de acolhida for ratificante da Convenção de Haia, ocorrerá o processo de naturalização da criança ou do adolescente, uma vez providenciada tal medida na justiça especializada do país de acolhida.

No caso do estrangeiro que vive no Brasil, aqui tendo domicílio e residência, não se exigem os requisitos contidos nos parágrafos do artigo 52 do ECA. Contudo, prevalece o cunho de excepcionalidade.

8.4 Adoção por ascendentes e irmãos do adotando

O Estatuto não permite a adoção por ascendente e irmão do adotando (ECA, art. 42, § 1º). Trata-se de exceção à regra prevista no artigo 28, § 2º, referente à observância do grau de parentesco e relação de afinidade, ou de afetividade, na colocação de criança, ou adolescente, em família substituta. A proibição desta adoção tem relação moral e também patrimonial e é uma das poucas restrições impostas pela lei.

Para Rodrigues (2002, p. 335), a "proibição de adotar um neto talvez se justifique na ideia de que o ato poderá afetar a legitimidade de herdeiro necessário mais próximo, tal como o filho. Como o neto adotado assumirá a posição de filho, para todos os efeitos, ele concorrerá, com o seu próprio pai, à sucessão do avô". No entanto, no caso de irmão adotar irmão, não se vislumbra nenhum inconveniente.

Contudo, esclarece Pereira (1996, p. 263) que "diante da equiparação dos filhos, inclusive dos adotivos, o que se pretende evitar é que netos e irmãos se transformem em filhos". No mesmo sentido, leciona Becker (1992, p. 46), para quem a vedação se "justifica plenamente, pois, do contrário, estar-se-ia transformando, artificialmente, um vínculo familiar preexistente e com características próprias diferentes da filiação em outro que, por sua vez, seria matriz de novos parentescos, que alterariam de modo absurdo a constelação familiar".

Como um dos objetivos da adoção é dar uma família para a criança ou adolescente que necessita na adoção dos ascendentes (avós ou bisavós) ou dos irmãos esta situação não se verifica, pois a família está constituída e pode-se garantir esta relação de outra maneira, sem que ocorra uma confusão na relação de parentesco, transformando, por exemplo, avós ou irmãos em genitores do neto ou do irmão.

Assim, o fato de a lei proibir esta modalidade de adoção não quer significar que os ascendentes, especificamente os avós ou os irmãos estejam impedidos de ficar com o neto ou o irmão, respectivamente. Na verdade, a relação que se deve firmar nestas hipóteses é a de colocação em família substituta na modalidade de guarda ou de tutela.

8.5 Adoção por tutor e curador

Estabelece o artigo 44 do ECA, a proibição do tutor e curador de adotar o pupilo ou curatelado, enquanto não derem conta de sua administração. Esta regra repete a prevista no artigo 371, do Código Civil de 1916, e tinha idêntica redação do artigo 1.620, do Código Civil, que foi revogado pela Lei n. 12.010/09. Esta modalidade de adoção busca a preservação do patrimônio do tutelado ou curatelado. Não impede a concretização da adoção, mas impõe uma condição para que a mesma se realize, qual seja, a prestação de contas da administração.

Quanto ao tutor, a regra é de fácil compreensão. No entanto, a questão fica mais delicada quando se analisa a situação do curador, já que a regra é a curatela aos maiores de 21 anos. A excepcionalidade estava nos artigos 458 e 462 do Código Civil de 1916, que estende a curatela à pessoa e aos bens dos filhos do curatelado, nascidos ou nascituros. O Código Civil repete tal mandamento no artigo 1.778, ao prever:

> Art. 1.778. A autoridade do curador estende-se à pessoa e aos bens dos filhos do curatelado, observado o art. 5°.

Deste modo para que a adoção do curatelado por seu curador ocorra, há como requisito preliminar a prestação de contas da administração e a quitação de seu alcance.

8.6 Adoção por conviventes e concubinos

Antes da análise da situação atual, envolvendo a adoção por conviventes e concubinos, torna-se necessária uma análise da legislação revogada para melhor compreensão do tema.

O Estatuto da Criança e do Adolescente permitia a adoção por concubinos, já que a interpretação que se dava é a de que o art. 42, § 2º, do ECA, teria revogado o artigo 370 do Código Civil, que proibia a adoção por duas pessoas, a menos que fossem marido e mulher. A condição para os concubinos adotarem uma criança, ou adolescente, era a prova da estabilidade da família. Assim estabelecia o ECA:

> Art. 42. ... § 2º — A adoção por ambos os *cônjuges ou concubinos* poderá ser formalizada, desde que um deles tenha completado 21 (vinte e um) anos de idade, comprovada a estabilidade familiar.

O parágrafo único, do artigo 1.618, do Código Civil de 2002, alterou este dispositivo e com uma redação parecida com a do citado § 2º, do artigo 42, do ECA, mas não fala em concubinos, e sim em conviventes. Assim estabeleceu:

> Art. 1.618. A adoção por ambos *os cônjuges ou conviventes* poderá ser formalizada, desde que um deles tenha completado dezoito anos de idade, comprovada a estabilidade familiar. (Grifos nossos)

É sabido que o próprio Código Civil traçou algumas diretrizes para o regime da união estável e concubinato,[25] podendo-se afirmar que "a união estável seria a relação lícita entre um homem e uma mulher, que vivem como se casados fossem, e apenas não se casaram por uma opção

---

25. Art. 1.723. É reconhecida como entidade familiar a união estável entre o homem e a mulher, configurada na convivência pública, contínua e duradoura e estabelecida com o objetivo de constituição de família.

Art. 1.727. As relações não eventuais entre o homem e a mulher, impedidos de casar, constituem concubinato.

particular ou por algum impedimento momentâneo, ao passo que o concubinato seria as relações entre o homem e a mulher, impedidos de se casarem, por ilícita esta relação" (Melo, 2005).

Assim, diante do estabelecido no Código Civil e no Estatuto da Criança e do Adolescente, poderia haver dúvidas quanto à adoção por concubinos, já que em relação à união estável, não há qualquer impedimento. A Lei n. 12.010/09 alterou a redação do artigo 42, § 2º do ECA, que assim ficou redigido:

> Art. 42. ... § 2º — Para adoção conjunta, é indispensável que os adotantes sejam casados civilmente ou mantenham união estável, comprovada a estabilidade da família.

Verifica-se dessa nova redação que a lei é clara no sentido de autorizar a adoção em conjunto, em duas hipóteses: a) das pessoas casadas; b) das que vivem em união estável. Afastou-se a possibilidade de os concubinos adotarem em conjunto e igualou para efeitos de adoção o casamento e a união estável em cumprimento à regra constitucional prevista no artigo 226, § 3º — (para efeito da proteção do Estado, é reconhecida a união estável entre o homem e a mulher como entidade familiar, devendo a lei facilitar sua conversão em casamento). No entanto, esta questão não é tranquila na doutrina, havendo posicionamento contrário no sentido de se admitir a adoção por concubinos.

8.7 *Adoção* intuitu personae

Esta modalidade de adoção ocorre quando os representantes legais da criança, ou do adolescente, escolhem os adotantes, ou melhor, quando os pais escolhem quem vai adotar o seu filho. Não há uma previsão específica na legislação quanto a esta modalidade de adoção, no entanto, ela pode vigorar, levando-se em conta os benefícios que trará ao adotando e os requisitos próprios do instituto, mas de forma excepcional, posto que há interferência no cadastro dos pretendentes à adoção.

Dias (2009), afirma que

> Nada, absolutamente nada, impede que a mãe escolha quem sejam os pais de seu filho. Às vezes, é a patroa, às vezes, uma vizinha, em outros casos, um casal de amigos que têm uma maneira de ver a vida, uma retidão de caráter que a mãe acha que seriam os pais ideais para o seu filho. É o que se chama de adoção *intuitu personae*, que não está prevista na lei, mas também não é vedada. A omissão do legislador em sede de adoção não significa que não existe tal possibilidade. Ao contrário, basta lembrar que a lei assegura aos pais o direito de nomear tutor a seu filho <http://www.jusbrasil.com.br/legislacao/91577/codigo-civil-lei-10406-02CC, art. 1.729>. E, se há a possibilidade de eleger quem vai ficar com o filho depois da morte, não se justifica negar o direito de escolha a quem dar, em adoção.

Como é sabido, a adoção concretiza-se, através de processo regular, perante a Vara da Infância e da Juventude. Neste processo, apura-se o cumprimento dos requisitos legais para adoção e se ela apresenta vantagens para o adotando, devendo fundar-se em motivos legítimos (ECA, art. 43). Somado a estes requisitos, devem os adotantes estar devidamente cadastrados como pessoas habilitadas para receber uma criança ou adolescente em adoção ou se enquadrar numa das hipóteses previstas para a sua dispensa.

Assim, se eventualmente a parte escolhida pelos responsáveis do menor não preencher tais requisitos, e não se mostrar em condições de adotar, ou se esta adoção não apresentar nenhuma vantagem ao adotando, pode-se indeferi-la, ficando a criança, ou adolescente, disponível para colocação em outro lar substituto,[26] posto que com a manifestação da mãe ou pais biológicos quanto à entrega do filho à adoção, está implícita a renúncia ao seu poder familiar.

Como afirmado, há possibilidade de preterir-se o cadastro do Juizado da Infância e da Juventude quanto às pessoas interessadas na adoção (ECA, art. 50), com as observações das exceções previstas no § 13, ou seja, a adoção *intuitu personae* pode se verificar na modalidade de adoção uni-

---

26. *JTJ* 177/14.

lateral, se formulada por parente com o qual a criança ou adolescente mantenha vínculos de afinidade e afetividade, ou quando o interessado detém a guarda ou tutela da criança, com mais de três anos de idade.

Verifica-se que a adoção *intuitu personae* diferencia das demais modalidades de adoção por conceber a possibilidade de indicação, por parte da mãe ou pai biológico, da pessoa que irá adotar o seu filho e a possibilidade da dispensa do prévio cadastro dos pretendentes à adoção, que devem se enquadrar nas exceções previstas na lei.[27] Quanto aos demais requisitos, devem todos ser obedecidos.

Essa adoção não pode se verificar em relação aos casais estrangeiros, em face da sua excepcionalidade.

Deve-se destacar que a adoção deve sempre visar o que é melhor para a criança ou para o adolescente (como designa parte da doutrina: o bem do menor), sendo que no confronto entre o que os pais acham melhor (adoção *intuitu personae*) e o que se apurou no procedimento em favor do adotando, esta última hipótese deve prevalecer. Daí porque não se pode aceitar esta modalidade de adoção sem qualquer ressalva. Nem se justifica a comparação com o instituto da tutela, posto que a nova legislação (Lei n. 12.010/09) aponta que na apreciação do pedido serão observados os requisitos previstos nos artigos 28 e 29 do ECA, somente sendo deferida a tutela à pessoa indicada na disposição de última vontade, se restar comprovado que a medida é vantajosa ao tutelado e que não existe outra pessoa em melhores condições de assumi-la (art. 37, parágrafo único, do ECA).

8.8 Adoção tardia, adoção inter-racial e indígena

A adoção é considerada tardia, segundo Vargas (1998, p. 35), quando a criança a ser adotada tiver mais de dois anos de idade. Ocorre na hipó-

27. Existem posicionamentos contrários, no sentido de que não se deve obedecer ao cadastro na hipótese de adoção *intuitu personae*. Merece destaque a posição defendida na tese de doutorado intitulada adoção *intuitu personae*, de Suely Mitie Kusano.

tese de a criança ou o adolescente ter sido retirado ou abandonado pela família biológica ou ampliada, após essa idade mínima de dois anos, por circunstâncias que justifiquem a destituição do poder familiar.

Nessa hipótese, as crianças ou adolescentes vivenciaram, junto à família de origem, experiências não muito positivas, que acabam por deixar sequelas que dificultam, mas não impedem novos relacionamentos.

A criança mais velha, ao ser retirada da família biológica, tem a plena ciência da ruptura que tal ato representa com a sua origem. Esta situação requer, dos futuros pais adotivos, a ciência do histórico de vida desta criança e um esforço para superarem situações estressantes deste relacionamento, reconstruindo os vínculos parentais.

Não raras vezes, nesta modalidade de adoção, a orientação e o acompanhamento técnico se mostram indispensáveis. Pois, conforme lembra Vargas (1998, p. 36), "a criança adotada tardiamente vive um processo psíquico de regressão. Ela se reporta ao estado imaginário de recém-nascido e vive uma espécie de segundo nascimento, a partir do qual ela pode percorrer de novo seu desenvolvimento e até resolver melhor as fases da constituição de seu ego". Percorre um desenvolvimento conflituoso em face do abandono que somente será superado pela reconstrução dos vínculos com a família adotiva, o que requer suporte aos adotantes.

Vislumbram-se nesta modalidade de adoção muito preconceito, medo e desconhecimento, além de mitos que cercam a procura por adoção de crianças recém-nascidas. As pesquisas apontam o receio de adotar crianças mais velhas em face da questão educacional ou maus hábitos que foram constituídos durante o período de convivência com a família biológica ou no acolhimento institucional (abrigo). Ademais, como mito, acredita-se que adotando um recém-nascido é possível ter menos problemas, já que se pode esconder o seu passado. Estas situações apontam para o fato de se encontrar muitas crianças mais velhas disponíveis à adoção, abrigadas à espera de uma família. No entanto, como afirmado, trata-se de mitos que não necessariamente ocorrem na adoção tardia.

Deve-se registrar que o ECA estabeleceu como idade-limite, para a criança ou o adolescente ser adotado, 18 anos, e excepcionalmente até 21, fixando a diferença de 16 anos que deve existir com o adotante e sua idade mínima de 18 anos. Assim, não há qualquer impedimento legal quanto a esta modalidade de adoção.

A adoção inter-racial é aquela que se verifica quando há diferença étnica entre adotante e adotado. Da mesma forma que a adoção tardia, essa modalidade de adoção também apresenta características especiais em face da discriminação, não pela idade, mas pela etnia da criança ou adolescente adotando. Isso ocorre em face das expectativas dos pretendentes à adoção que idealizam a criança a ser adotada com suas semelhanças físicas.

Nesse sentido aponta Rufino (2003, p. 40):

> A análise do processo de colocação em família adotiva põe na pauta de discussão, a discriminação às crianças e aos adolescentes, que são marcados pela pobreza e pelas diferenças étnicas. A busca pelos assemelhados e a dificuldade de aceitar crianças que não se encaixem nos padrões da estética vigente no imaginário da sociedade brasileira, são aspectos que têm sido incorporados no interior das práticas judiciárias, e revelam a intolerância às diferenças raciais, e a negação à diversidade étnico-cultural.

E mais:

> Dentre os limites e preconceitos que atravessam o processo de adoção, verificamos o preconceito racial, constituindo-se um dos sérios entraves quanto à escolha do adotado. Na aplicação da medida da adoção, o grupo de origem negra que integra a relação dos excluídos, parece se destacar negativamente dos demais. A intolerância às diferenças raciais se configura na atitude de adotantes que expressam suas preferências, geralmente por crianças brancas.

Para muitos adotantes, a semelhança com o adotado pode facilitar a integração e a compreensão do processo adotivo, diminuindo o preconceito que existe. Contudo, nesta modalidade de adoção, percebe-se que o enfoque está sendo dado ao adotante e não ao adotado, ou seja, a preocupação está em atender às expectativas do adotante que busca uma criança semelhante a sua aparência (que poderia se passar por "filho verdadeiro"), e não em garantir a convivência familiar para uma criança que não se apresenta com as mesmas características do adotante.

Na adoção inter-racial, quando uma família branca adota uma criança negra, os desafios a serem enfrentados não se limitarão às questões relativas ao processo adotivo propriamente dito, mas também ao preconceito racial vigente em nossa sociedade. No entanto, a constituição de uma família multirracial é perfeitamente viável, desde que esteja centrada na dignidade da pessoa humana e no respeito que deve existir entre todos os seus membros e na possibilidade de amar e ser amada, ou ainda, no direito de ser igual, mesmo sendo diferente.

Vale registrar que, no cenário da nova alteração legislativa proporcionada no ECA (art. 28, § 6º), surge a questão da adoção de crianças e adolescentes provenientes de comunidade remanescente de quilombo, onde se estabeleceu a necessidade de ser considerada e respeitada a sua identidade social e cultural, os seus costumes e tradições, bem como suas instituições. Acrescenta-se, ainda, a necessidade de se buscar, prioritariamente, a colocação desta criança ou adolescente, no seio de sua comunidade de origem ou junto a membros da mesma etnia.

Também, devendo ser observada a mesma regra, estabeleceu o ECA a necessidade de se dar uma atenção especial para a adoção de crianças e adolescentes indígenas. Buscou a nova legislação tratar de forma específica a adoção da criança indígena ou quilombola, dando-lhe um tratamento diferenciado, em face das peculiaridades do caso. A justificativa para tal situação é evitar adoções que desrespeitem a origem étnica dessas crianças, evitando colocá-las em situações de risco pessoal ou social. Tanto assim que determinou a legislação, na adoção de criança indígena, a necessidade da intervenção e oitiva de representantes do órgão federal responsável pela política indigenista e de antropólogos, sem prejuízo da intervenção da equipe interprofissional (ECA, art. 28, § 6º, III).

Estas regras buscam dar efetividade ao que determina o artigo 231 da Constituição Federal, quanto ao reconhecimento da organização social, costumes, língua, crenças e tradições dos índios, bem como das manifestações culturais (art. 215, § 1º).

Na adoção inter-racial e indígena, deve-se observar, com maior rigor, a regra prevista no artigo 28, § 3º do ECA, no sentido de avaliar o grau de parentesco e a relação de afinidade e afetividade, a fim de evitar ou minorar as consequências decorrentes da medida.

9. Competência e procedimento

O Estatuto da Criança e do Adolescente traçou as regras principais no que diz respeito aos procedimentos relativos à adoção, como também do cadastro dos pretendentes à adoção. A Lei n. 12.010/09 introduziu regra determinando a prioridade absoluta na tramitação dos processos e procedimentos previstos no ECA, sob pena de responsabilidade (art. 151, parágrafo único).

Quanto aos procedimentos a ser obedecidos na adoção, verifica-se que apresenta peculiaridades e formas diferentes de tramitação, dependendo da situação dos genitores do adotando e se este for maior de 18 anos de idade.

Assim, o pedido processa-se da seguinte maneira:

a) Quando os pais forem falecidos, desconhecidos, tiverem sido destituídos do poder familiar, ou se aderirem expressamente ao pedido, segue-se o rito do art. 166 e seguintes, do ECA.

b) Quando não há concordância, ou se os pais estiverem em local ignorado (desaparecidos), ou não foram destituídos do poder familiar, art. 169 c/c os arts. 155 a 163 do ECA.

c) Na adoção civil, de pessoa maior de 18 anos, segue-se o rito estabelecido no Código de Processo Civil para o procedimento especial de jurisdição voluntária.

Na primeira hipótese, tendo os pais sido destituídos do poder familiar, falecidos ou aderidos expressamente ao pedido, o processo tem natureza administrativa para colocação em família substituta, sendo dispensada a assistência de advogado. Após formular o pedido (cuja inicial deve obedecer às regras do artigo 165 do ECA, e 282 do CPC), a Autoridade Judiciária deliberará sobre o estágio de convivência (ECA, art. 46) e analisará o pedido de guarda em favor dos requerentes (ECA, art. 167, parágrafo único). Em seguida, procede-se a oitiva dos pais, caso concordem com a adoção. Esta oitiva deve ser tomada por termo em audiência, com a presença do Ministério Público, sendo que os genitores serão esclarecidos do caráter irrevogável da medida, sendo, sempre que possível, previamente orientados pela equipe interprofissional do Juízo da Infância e da Juventude. Não se admite o consentimento prestado por escrito e nem o formulado antes do nascimento da criança. Este consentimento também pode ser retratado até a data da publicação da sentença constitutiva de adoção.

Após a oitiva dos genitores, a criança e o adolescente devem se manifestar em relação ao pedido de adoção (ECA, arts. 28, §§ 1º e 2º, 45, § 2º e 168). Realiza-se o estudo social pela equipe interprofissional.[28] Segue-se a manifestação do representante do Ministério Público, no prazo de cinco dias, para, em igual prazo, ser proferida a decisão judicial.

A decisão judicial é passível de recurso de apelação, que deverá ser apresentada no prazo de dez dias. Será recebida, como regra geral no efeito devolutivo e como exceção no suspensivo, quando houver perigo de dano irreparável ou de difícil reparação (ECA, arts. 198, VI, e 199-A). Antes de serem enviados os autos ao tribunal, deve o magistrado exercer o Juízo de retratação (ECA, art. 198, VI).

Noutra hipótese, ou seja, quando não há concordância, ou se os pais estiverem em local ignorado (desaparecidos), ou não foram destituídos do poder familiar, havendo assim a necessidade da prévia destituição, deve ser obedecido o procedimento contraditório, previsto nos artigos 155-163 do ECA. Permite-se formular pedido cumulativo de destituição do poder familiar e adoção (CPC, art. 292). A petição inicial deverá obedecer ao disposto nos artigos 156 e 165 do ECA, bem como ao artigo 282 do CPC,

---

28. Estabelece o artigo 420 do CPC que "a prova pericial consiste em exame, vistoria ou avaliação". Esclarece Ernane Fidelis dos Santos, que "o exame é feito sobre as pessoas, animais e coisas móveis, para apurar fatos e circunstâncias que a eles disser respeito. A vistoria é o mesmo exame feito sobre coisas imóveis e a avaliação, o valor em dinheiro das coisas examinadas" (1980, p. 160).

contendo referência à autoridade judiciária a que for dirigida; a qualificação completa dos requerentes e requeridos; exposição dos fatos; indicação de eventual parentesco do requerente e de seu cônjuge, ou companheiro, com a criança, ou adolescente, a ser adotado; se têm parentes vivos; qualificação completa do adotando; indicação do cartório onde o adotando foi registrado, com a juntada da respectiva certidão; declaração da existência de bens, direitos, ou rendimentos relativos ao adotando e valor da causa.

A inicial, também, deve conter a exposição referente ao cumprimento dos requisitos específicos da adoção (diferença de idade, cumprimento do estágio de convivência, inexistência de impedimento legal etc.), sendo que, no caso de estrangeiro, deve-se observar as regras pertinentes (ECA, art. 51). Este pedido pode ser formulado pelo Ministério Público ou quem tenha legítimo interesse, como, por exemplo, os guardiões ou tutores do menor adotando. Diferentemente da hipótese anterior, há necessidade de advogado, posto que o pedido não se reveste de caráter administrativo.

Com a análise da inicial, o magistrado deve apreciar eventual pedido de guarda provisória aos requerentes e deliberar a respeito do estágio de convivência. Compete ainda analisar eventual pedido de suspensão liminar do poder familiar, oportunidade em que o Ministério Público deverá manifestar-se a respeito (ECA, art. 157).

Os genitores do adotando são citados para contestarem o pedido no prazo de 10 dias (ECA, art. 158), sendo que tal citação segue as regras do Código de Processo Civil, no que diz respeito à citação editalícia e nomeação de curador especial inclusive.

Ocorrendo ou não contestação do pedido, segue-se a instrução probatória do feito, sendo indispensável à realização de estudo social pela equipe interprofissional e a oitiva dos requeridos e do adotando (ECA, art. 161, § 1º). Nesta oportunidade, deve ser produzida prova testemunhal que comprove a presença de uma das causas de destituição do poder familiar. Nessa fase, também devem ser ouvidos os pais, se forem identificados e localizados (ECA, art. 161, § 4º), bem como a criança ou o adolescente. Na hipótese de o adotando ser oriundo de comunidade indígena, é obrigatória a intervenção do órgão federal responsável pela política indigenista. Esta intervenção deverá ocorrer através de provocação judicial junto ao órgão federal — Funai — que tratará de designar técnico e/ou adovgado para o acompanhamento do caso.

Ultimada a fase probatória, com a manifestação das partes e do Ministério Público, o feito é apreciado pela autoridade judiciária. Da sentença que julga a ação de adoção, caberá recurso de apelação a interpor-se no prazo de dez dias, independente de preparo. Será recebida, como regra geral, no efeito devolutivo, ou seja, devolve ao Tribunal a possibilidade de novo julgamento do caso, sem prejuízo da execução provisória da decisão prolatada. No entanto, na hipótese de adoção internacional, e sempre que houver perigo de dano irreparável ou de difícil reparação, também será recebida com efeito suspensivo, ocorrendo, nessa hipótese, a suspensão dos efeitos imediatos da decisão. Trata-se de uma exceção à regra geral (ECA, art. 198, VI).

Cumpre observar que se o requerido não contestar o pedido, não se aplicam os efeitos da revelia,[29] em face da natureza da medida. Faz-se mister a realização de provas, para demonstração de uma das causas justificadoras da destituição do poder familiar. O procedimento deve finalizar no prazo máximo de 120 dias (ECA, art. 163).

Finalmente, quanto à adoção civil, que ocorre para a pessoa maior de 18 anos, seguindo o rito estabelecido para o procedimento especial de jurisdição voluntária, após o pedido, deverá ocorrer a intervenção do Ministério Público. Poder-se-á realizar estudo social e psicológico e haverá audiência para oitiva dos interessados, com apreciação final da matéria, conforme estabelecem os artigos 1.103 a 1.112 do Código de Processo Civil. Na adoção civil de pessoa maior de 18 anos, por estrangeiros, também devem ser obedecidos os requisitos estabelecidos pela legislação menorista, quanto aos requisitos específicos (ECA, art. 51).

Quanto à **competência** (relativa à matéria), verifica-se que o pedido de adoção, com base no Estatuto da Criança e do Adolescente, será conhecido e julgado pela Justiça da Infância e da Juventude, por força do

---

29. Revelia, segundo o Código de Processo Civil, ocorre quando o réu não contestar a ação, reputando verdadeiros os fatos afirmados pelo autor. O réu pode se manter inerte e não apresentar qualquer resposta no processo para o qual foi chamado. Quando isso ocorre, estamos diante da revelia. A revelia é a ausência de resposta por parte do réu.

disposto no artigo 148, III, do ECA. Agora, conforme estabelecido pelo novo Código Civil (art. 1.623, parágrafo único), há necessidade de a adoção civil de pessoa maior de 18 anos processar-se judicialmente; a competência, nesse caso, será do Juízo Cível, nas varas de família, por força do limite etário para a aplicação do Estatuto da Criança e do Adolescente, fixado no art. 2º e parágrafo único.

O foro competente (competência territorial) será determinado, em primeiro lugar, pelo domicílio dos pais, ou responsáveis (ECA, art. 147, I). Caso sejam falecidos, ou já tenham sido destituídos do poder familiar, o foro competente para adoção será o do lugar onde se encontre o adotando (ECA, art. 147, II), podendo ser da entidade governamental, onde se encontre abrigado.

Quando os pais do adotando residem em uma comarca e a criança, ou o adolescente, em outra, na companhia dos adotantes, que já possuem a guarda judicial, sendo, pois, seus responsáveis, o foro competente é o do domicílio dos responsáveis, lugar em que também se encontre a criança e o adolescente a ser adotado.

10. Equipe interprofissional (intervenção social e psicológica no processo de adoção)

Não se pode negar que o advento do Estatuto da Criança e do Adolescente proporcionou muitas críticas e reações negativas, diante da maneira como foi tratado o problema do menor. Porém, revela-se uniforme a opinião quanto ao salto de qualidade e o avanço da legislação menorista, que alterou significativamente a forma como era encarado o problema da criança e do adolescente. Esse novo enfoque acabou por atingir uma camada de profissionais — advogados, psicólogos, assistentes sociais, que até então não mereciam a devida consideração da legislação menorista, não obstante a relevância dos trabalhos desenvolvidos na área.

Assim, antes da vigência do Estatuto, nos procedimentos denominados "sindicâncias", realizavam-se avaliações denominadas sociais, em impressos com campos determinados para o preenchimento, como se fosse um questionário, sem qualquer aprofundamento ou análise das questões levantadas. Tais avaliações eram efetivadas por "comissários de menores" — pessoas leigas, oficiais de justiça, voluntários, sem a necessária qualificação técnica, para desempenhar tal mister.[30]

Por outro lado, os Juizes de Menores não exerciam na plenitude a função judicante, voltando-se para um trabalho assistencialista, sem um apoio técnico adequado e os Promotores de Justiça e Advogados não eram considerados funções essenciais à Justiça. Hoje, a realidade é outra. A Justiça da Infância e da Juventude proporcionou uma avaliação mais adequada dos atores envolvidos com o processo menorista, contemplando todos os segmentos que diretamente devem atuar para se alcançar o que melhor atenda aos interesses das crianças e dos adolescentes. Assim, a referida Justiça, mesmo tendo como fonte primária a lei, compreendeu que o seu campo de atuação não se limita apenas ao direito, requerendo uma intervenção multidisciplinar, que proporcionou a abertura para que profissionais de outras áreas, como psicólogos e assistentes sociais, passassem a auxiliar no encaminhamento dos problemas enfrentados.

Destacou o Estatuto da Criança e do Adolescente, em seção própria (arts. 150 e 151), a relevância desses serviços denominados auxiliares, composto por equipe interprofissional, cujo principal objetivo é assessorar a Justiça da Infância e da Juventude. Com o advento da Lei n. 12.010/09, o trabalho dessa equipe mereceu destaque, alargando o seu campo de atuação e criando espaço para intervenção de apoio técnico previsto na política municipal de garantia do direito à convivência familiar.

Constata-se, atualmente, que o juiz passou a exercer a função judicante, deixando de prestar assistência social; o Ministério Público atua em todos os procedimentos — de infratores ou não, inclusive na defesa dos direitos coletivos e difusos; o advogado defende os interesses do menor, seus genitores e responsáveis; psicólogos e assistentes sociais integram o corpo técnico com o objetivo de assessoramento.

Esta forma de enfrentar os problemas judiciais revelou-se como exemplo para os outros campos do Direito, que alteraram a maneira da

---

30. Excepcionalmente, alguns tribunais contavam com a ajuda de psicólogos e assistentes sociais. Mas não era a regra geral para todas as comarcas.

intervenção processual, com uma visão multidisciplinar, notadamente no que diz respeito às questões familiares. É certo que "o Código Civil brasileiro, ao contrário do que ocorre em outras legislações estrangeiras, não previu a ocorrência de pesquisa social" (Leite, 1997, p. 203), mas a intervenção hoje ocorre em razão da experiência menorista, que proporcionou essa nova visão do assunto, principalmente nas causas envolvendo o direito de família.

10.1 Serviços auxiliares (equipe interprofissional)

O legislador não especificou quais são e quem integra os serviços auxiliares da Justiça da Infância e da Juventude, fazendo referência apenas à equipe interprofissional ou equipe técnica (ECA, arts. 28, §§ 1º e 5º, 46, § 4º, 50, §§ 3º e 4º, 150 e 151, 161, § 1º e 166, § 2º). Como regra geral, esses serviços são executados por assistentes sociais e psicólogos,[31] no entanto, nada impede a inclusão de outros profissionais, como pedagogos e psiquiatras.

O objetivo principal dos serviços auxiliares ou da equipe interprofissional, na definição do legislador menorista (ECA, art. 150) é *assessorar* a Justiça da Infância e da Juventude mediante o fornecimento de subsídios por escrito através de laudos, ou verbalmente, na audiência. Também desenvolve trabalhos de aconselhamento, orientação, encaminhamento, prevenção, acompanhamento, ficando sob imediata subordinação ao Juiz.[32] Também exerce função primordial em relação à oitiva da criança envolvida no processo adotivo (ECA, art. 28, § 1º). Na verdade, a equipe técni-

---

31. No estado de São Paulo, o Provimento da Corregedoria Geral do Tribunal de Justiça CG n. 50/89, cap. XI, n. 23, bloco de atualização n. 3, detalhou como serviços auxiliares aqueles desenvolvidos por assistentes sociais, psicólogos e comissariado de menores voluntário.

32. A legislação francesa — Código Civil, art. 287-1 — estabelece como *objetivo* da pesquisa social obter o maior número possível de "informações sobre a situação material e moral da família, sobre as condições nas quais vivem e são criados os filhos e sobre as medidas que devem ser tomadas no interesses deles". No Brasil já existem importantes análises sobre o estudo social nas Varas da Infância e Juventude, como, por exemplo, os de Eunice Fávero e outros.

ca, que hoje é formada por assistentes sociais e psicólogos, desempenha função que vai muito além do assessoramento.

Essa intervenção, dependendo da forma e da oportunidade como ocorre, apresenta duas situações distintas:

a) o atuar do assistente social e do psicólogo equivale-se ao perito judicial, na medida em que observa, investiga e conclui seu trabalho com a apresentação de um laudo, diagnosticando as situações que envolvem a criança ou o adolescente e sua família, com os encaminhamentos pertinentes ao caso; ou
b) desempenha funções de execução, quando realiza o trabalho de acompanhamento, orientação, encaminhamento, visando propiciar mudanças na realidade constatada no procedimento ou oitiva de crianças.

De uma forma ou de outra, tal mister é de suma relevância para a área da Infância e da Juventude, uma vez que a intervenção técnica adentra em questões que fogem à esfera do direito, mas que se mostram extremamente relevantes para o destino final do processo. Exerce, ademais, um papel *preventivo* importante, quando detectam situações de risco a exigir imediata resposta jurisdicional.

A intervenção da equipe interprofissional pela interpretação da antiga redação do ECA não era obrigatória[33] nos procedimentos da Vara da Infância e da Juventude, manifestando a Jurisprudência no sentido de que se o procedimento reúne elementos suficientes para o julgamento, os laudos técnicos são prescindíveis.[34] No entanto, a alteração legislativa proporcionada pela Lei n. 12.010/09 modificou esse entendimento, apresentando a obrigatoriedade da intervenção técnica, principalmente nos processos de colocação de criança em família substituta. Pode ocorrer a intervenção social ou psicológica, ou as duas em conjunto, dependendo da necessidade revelada pela situação em concreto. Porém, sempre que

33. ECA, art. 161, § 1º, 162, § 2º, 167 e 186, § 4º. Com a redação antiga.

34. Tribunal de Justiça: Apelação Cível n. 17.626-0, Rel. Des. Lair Loureiro. Campinas, 13/5/1993; Apelação Cível n. 38.241-0, Rel. Des. Cunha Bueno. Ribeirão Pires, 28/8/1997.

o legislador faz referência ao trabalho da equipe interprofissional, a intervenção deverá ser social e psicológica.

O avanço apresentado pelo Estatuto em relação à atuação complementar da equipe interprofissional, na área da Infância, não guardou a mesma proporção quanto a técnica legislativa adotada para tratar do assunto. Com efeito, o estatuto ora fala em *estudo social ou perícia* por equipe interprofissional (arts. 161, § 1°, 162, § 2°, e 167) ou em *relatório* da equipe interprofissional (art. 186, § 4°).[35] Melhor seria seguir as regras da prova pericial adotada pelo Código de Processo Civil (arts. 420 a 439), unificando-se as designações para exames.[36]

O Estatuto da Criança e do Adolescente também não especificou como se desenvolve a elaboração dos trabalhos técnicos, principalmente no que diz respeito a prazo, quesitos, presença de assistente técnico, suspeição e impedimento da profissional, fato que se mostra relevante quando se tratar de análise realizada durante a fase processual.

No entanto, com relação a essas questões, por expressa disposição do artigo 152 do Estatuto da Criança e do Adolescente aplicam-se subsidiariamente as normas gerais da legislação processual pertinente, no caso, das regras quanto à elaboração das perícias estabelecidas pelo Código de Processo Civil, com as adaptações necessárias decorrentes das peculiaridades advindas da área menorista.

10.2 A intervenção na adoção

O processo de adoção revela-se como um dos mais importantes na área da Infância e da Juventude, posto que objetiva a colocação de crian-

---

35. Em provimentos regulamentando a atuação dos técnicos, é utilizada ainda a expressão *avaliação psicossocial* (art. 1°, parágrafo único, do Provimento CG/SP n. 12/95) ou *parecer conclusivo* (art. 1°, § 7°, do Provimento CG/SP n. 05/05).

36. Como já afirmado, estabelece o artigo 420 do CPC que "a prova pericial consiste em exame, vistoria ou avaliação". Esclarece Ernane Fidelis dos Santos, que "o exame é feito sobre as pessoas, animais e coisas móveis, para apurar fatos e circunstâncias que a eles disser respeito. A vistoria é o mesmo exame feito sobre coisas imóveis e a avaliação, o valor em dinheiro das coisas examinadas" (1980, p. 160).

ça ou adolescente em lar substituto, de forma definitiva e irrevogável. Revela-se, desta forma, como um processo que requer "um certo conhecimento da lei, compreensão do desenvolvimento emocional do ser humano a partir do início da vida e também experiência no estudo social do caso" (Motta, 2000, p. 136).

A par de sua importância, constata-se que tal "processo" não se inicia como ocorre normalmente nos outros feitos da área da infância.

O processo de adoção, na maioria das vezes, requer uma fase preliminar de preparação e inscrição das partes interessadas em adotar (cadastro de interessados à adoção) bem como da situação da criança ou do adolescente a ser adotado, o que revela sua peculiaridade em face do sistema legal.

Diante da situação revelada durante a instrução do processo de adoção, não raras vezes torna-se necessária a continuidade da intervenção da Justiça da Infância e da Juventude, mesmo após a constituição do vínculo adotivo, com o acompanhamento do caso.

Essas considerações revelam que a intervenção técnica no processo adotivo é complexa, assumindo uma visão multifocal do problema, ou seja, não só dos pretendentes à adoção, mas também (e principalmente) das crianças e adolescentes adotáveis e em fases distintas, podendo ser consideradas:

- FASE EXTRAPROCESSUAL
  a) Quando do cadastro dos interessados à adoção, analisando os pretendentes (pré-processual).
  b) Quando da análise da situação da criança ou do adolescente que necessita ser colocado em lar substituto (adoção — pré-processual).
  c) Na hipótese de acompanhamento posterior ao deferimento da adoção (pós-processual).
- FASE PROCESSUAL
  a) Quando a intervenção técnica ocorre durante a tramitação do processo de adoção em Juízo — no estágio de convivência ou

na análise da pertinência do pedido, sob o enfoque social e psicológico.

A intervenção técnica, no processo adotivo, tem por objetivo específico verificar se os requerentes reúnem condições sociais e psicológicas para assumir a adoção e se é caso de a criança ou o adolescente ser colocado à disposição para adoção e se é conveniente esta colocação.

FASE EXTRAPROCESSUAL

Este modelo de intervenção extraprocessual atende as diretrizes sugeridas no I Congresso Interdisciplinário de Adopción Nacional y del Cono Sur, relatada por Motta (2000, p. 136) como sendo:

- Uma etapa prévia de orientação psicológica com função diagnóstico-terapêutica, realizada em grupo com os futuros adotantes, devendo não exceder 90 dias e tendo por objetivo adaptá-los à inclusão do menor na família.
- Acompanhamento realizado após a adoção, para superar as dificuldades dos "pais que não tiveram a oportunidade de gestar o filho, por nove meses, integrar a criança à família". Acrescenta que nesta fase "não apenas a decisão de adotar é da maior importância, como também o ajustamento ao papel de pais pode ser difícil".

A intervenção com base nestas diretrizes tem a finalidade de evitar que ocorram adoções, que de alguma maneira poderiam estar fadadas ao insucesso, com a consequência natural decorrente de tal fracasso para os adotantes e adotados (crianças e adolescentes). Inclui-se nesta fase: a) cadastro dos interessados à adoção; b) o cadastro da criança ou do adolescente disponível à adoção; c) acompanhamento posterior à conclusão do processo adotivo.

A) CADASTRO DOS INTERESSADOS À ADOÇÃO

Estabeleceu o Estatuto da Criança e do Adolescente, no artigo 50, a obrigatoriedade de a Autoridade Judiciária manter, em cada comarca ou foro regional, um registro de pessoas interessadas na adoção. A Lei n. 12.010/09 acrescentou vários incisos no referido artigo, estabelecendo as diretrizes a serem seguidas para a efetivação desse cadastro.[37]

Nessa oportunidade, o papel fundamental da equipe técnica não se refere aos requisitos de natureza legal, previstos no próprio Estatuto e que serão objetos de análise pela Promotoria de Justiça e pelo Juizado da Infância e da Juventude. O objetivo, conforme estabelece a própria lei (ECA, arts. 29 e 50, § 2º) é analisar a compatibilidade dos pretendentes com a natureza da medida, oferecendo ambiente familiar adequado à criança ou adolescente. Em termos menos legalistas, é verificar junto aos pretendentes a "capacidade de estabelecer relações afetivas" como "pais psicológicos".

Nesta oportunidade, esclarece Motta (2000, p. 137):

> Há alguns aspectos a serem considerados na consideração dos candidatos a adotantes, tais como a forma como falam de outras pessoas, principalmente seus parentes; a maneira como se tratam mutuamente; a forma como tratam a pessoa que está realizando as entrevistas; a capacidade de enfrentar dificuldades com coragem e de refletir com sensatez sobre a melhor maneira de lidar com elas. Característica indispensável para os pais adotivos, pois é essencial que tenham capacidade de assumir alguns riscos, assim como o é para os pais naturais.

Apresenta-se de suma relevância para a análise da pretensão dos interessados a *motivação* para a adoção (necessidade compensatória em razão de falecimento de filho, esterilidade, infertilidade, sentimento de piedade, motivos religiosos etc.).

---

37. No Estado de São Paulo, este cadastro era regulamentado pela Corregedoria Geral de Justiça através do Provimento CG n. 12, de 6 de julho de 1995, e pelo Provimento n. 05/05, de 3 de março de 2005. No procedimento estabelecido, após a apresentação do requerimento pelo interessado, devidamente acompanhado dos documentos pertinentes (art. 165 do ECA), era realizada avaliação psicossocial, no prazo de 45 dias, indo os autos em seguida com vista à Promotoria para manifestação, e após ao Juiz para decisão. Segundo o Provimento CG n. 05/05, os documentos necessários são: a) cópia dos documentos pessoais dos interessados; b) comprovante de residência; c) comprovante de rendimentos ou declaração equivalente; d) atestado ou declaração médica de sanidade física e mental.

É bem verdade que a intervenção prévia dos técnicos junto aos interessados no cadastro à adoção não garante o sucesso da mesma. No entanto, revela-se de extrema importância, posto que se pode minimizar a ocorrência de adoção malsucedida.

Questão de real relevância refere-se à conclusão negativa do setor técnico quanto à admissão dos interessados no cadastro à adoção.

A lei menorista, nos artigos 50, § 2º, e 29, estabelece que:

> Art. 50. ... § 2º — Não será deferida a inscrição se o interessado não satisfizer os requisitos legais, ou verificada qualquer das hipóteses previstas no artigo 29.
>
> Art. 29. Não se deferirá a colocação em família substituta a pessoa que revele por qualquer modo, incompatibilidade com a natureza da medida ou não ofereça ambiente familiar adequado.

Verificando o setor técnico qualquer situação que se enquadre no dispositivo legal, com incompatibilidade da medida ou ambiente familiar inadequado, deve apresentar avaliação contrária à pretensão dos interessados. No entanto, essa avaliação somente deve ser lançada após a concessão de oportunidade aos interessados para reverter a situação colocada como empecimento à pretensão, com eventual tratamento ou participação em grupos de apoio.

No que se refere à *idade* dos interessados, pode a equipe técnica apresentá-la como fator impeditivo do cadastro somente na hipótese de se inscreverem pessoas menores de 18 anos de idade (ECA, art. 42). Nas demais situações, ou seja, de pessoas idosas interessadas em adotar, diante da ausência de previsão legal, as considerações a respeito devem ser feitas, mas a idade por si só não é motivo suficiente para impedir o cadastro.[38] No entanto, tendo em vista que na adoção há certa similitude

---

38. Adoção — Decisão que indeferiu o pedido de inscrição do casal no cadastro de pretendentes à adoção, com base em parecer psicológico que considerou a idade avançada dos pretendentes — Inadmissibilidade. "Instituto que se sujeita à análise de condições genéricas, com as condições morais e materiais, não constituindo a idade empecilho à concessão da adoção. Deferida, assim, a mencionada inscrição" (TJSP, *RT* 723/306).

com a família biológica, tanto que a lei estabeleceu a necessidade de ocorrer uma diferença de idade entre adotantes e adotados (16 anos — ECA, art. 42, § 3º) e levando-se em consideração que uma mulher, dependendo da idade, não mais pode gerar filhos biológicos, deve-se evitar a adoção de crianças com pouca idade por pretendentes idosos. Estes não estão impedidos de adotar, mas devem buscar menores com mais idade, para evitar problemas futuros.

Conclui-se, em face do cadastro dos interessados à adoção e da intervenção da equipe técnica, que, "ao contrário do que muitos imaginam, *adotar não é um direito dado a todos*. Como cabe ao Estado-juiz promover a colocação em lar substituto (do qual a adoção é uma das formas), os interessados têm que submeter às suas regras, entre estas, a submissão às avaliações técnicas" (Pachi, 1998, p. 25).

Vale registrar que este cadastro se refere aos pretendentes brasileiros ou estrangeiros residentes no país. Os estrangeiros residentes no exterior deverão se cadastrar junto à comissão judiciária de adoção internacional de cada estado, com cadastro distinto.

Tomado como parte do processo de avaliação do interessado na adoção, estabeleceu a nova legislação a necessidade de as pessoas interessadas em adotar de participarem de um período de preparação psicossocial e jurídica, orientado pela equipe técnica da Justiça da Infância e da Juventude. Determinou, ainda, que esta preparação também pode contar com o apoio dos técnicos responsáveis pela política municipal de garantia do direito à convivência familiar. Implicará também o contato dos pretendentes com a criança ou o adolescente disponível para adoção. Observa-se que a legislação apenas determinou o contato com os menores disponíveis para adoção, e não com qualquer criança ou adolescente que se encontre em regime de acolhimento institucional ou familiar.

A justificativa para realização de tal trabalho fundamenta-se na situação da criança e do adolescente adotivo que, de certa forma, apresentam inadaptações ao ambiente familiar e no despreparo das pessoas e famílias interessadas na adoção.

Trata-se de um trabalho que pode ser caracterizado como preventivo e avaliatório e visa o preparo dos interessados quanto as questões referentes à motivação pessoal para a adoção, revelação, preconceitos, fases do desenvolvimento infantil, procedimento judicial da adoção, entre outros.[39]

A participação dos interessados em grupos desta natureza apresenta reflexos no processo de adoção, uma vez que deve ser considerado o resultado da avaliação quando da análise dos requisitos de natureza subjetivos da adoção.[40]

B) CADASTRO DA CRIANÇA OU ADOLESCENTE PARA ADOÇÃO

Da mesma forma que a avaliação dos interessados é de suma importância para o processo adotivo, não se pode negar que a intervenção técnica junto à criança ou ao adolescente a ser colocado para adoção revela-se de singular relevância, ganhando grau de dificuldade proporcional à idade do menor.

Essa avaliação realiza-se, normalmente, em procedimentos antecedentes (destituição do poder familiar, pedido de providências, guarda etc.) para possibilitar a futura adoção da criança ou do adolescente. Posteriormente, quando do processo de adoção, pode ocorrer nova intervenção junto ao adotado, mas com outra conotação, ou seja, para constatação de sua adaptação (estágio de convivência) e das vantagens do processo adotivo.

Até a criança ou o adolescente seja disponibilizado para adoção, há um longo caminho a ser percorrido, no qual se busca mantê-lo junto à família de origem ou extensa, com encaminhamentos resultantes das medidas de proteção (ECA, art. 101) e das aplicáveis aos pais (ECA, art. 129) previstas no Estatuto.

Somente quando esgotadas estas providências, desde que não haja risco maior para a criança ou o adolescente, é que se deve colocá-los em

---

39. Este tema será mais bem trabalhado no capítulo 12 que trata da preparação psicossocial e jurídica dos pretendentes à adoção.

40. Estabelece o artigo 43 do ECA que a adoção será deferida quando apresentar reais vantagens para o adotando e fundar-se em motivos legítimos. Esses motivos legítimos podem ser avaliados quando da participação do interessado no grupo de apoio.

disponibilidade para adoção. Este trabalho, na maioria das vezes, compete à equipe técnica, que deve estar atenta à questão temporal, para evitar que uma solução tardia venha a prejudicar o direito à convivência familiar da criança.

O aspecto jurídico dessa intervenção revela-se na segurança do encaminhamento a ser dado à criança ou adolescente, possibilitando às partes envolvidas no processo adotivo uma análise completa da situação, e não somente dos interessados à adoção. Aliás, ao estabelecer que a adoção somente será deferida quando apresentar reais vantagens ao adotando, o Estatuto coloca tal intervenção em destaque, já que a adoção deve satisfazer não somente o interesse de quem adota, mas, principalmente de quem está sendo adotado (ECA, art. 43). E tal circunstância pode ser revelada na avaliação realizada pela equipe técnica junto aos adotandos.

Quando a avaliação é concluída a favor da adoção, a criança ou o adolescente passam a integrar o cadastro daqueles em condições de ser adotados (ECA, art. 50, § 5º). Verificada esta hipótese, a autoridade Judiciária tem o prazo de 48 horas para efetivar a inscrição (ECA, art. 50, § 8º).

C) ACOMPANHAMENTO POSTERIOR À ADOÇÃO

Como já afirmado, a intervenção prévia da equipe técnica não representa a garantia de uma adoção com sucesso. Não raras vezes, os encaminhamentos preliminares da adoção não surtem os efeitos desejados, aparecendo problemas posteriores decorrentes na nova relação estabelecida.

Por outro lado, muitas situações podem ser camufladas durante o processo de adoção, uma vez que até a sua finalização "os pais adotivos sentem que eles e a criança estão sendo avaliados, sentem-se inseguros quanto aos resultados dessa avaliação, o que por sua vez dificulta a condução do estado de intimidade" (Motta, 2000, p. 125) e das relações a serem estabelecidas pela nova família.

Questões anteriormente tratadas, como a revelação e preconceito, passam a fazer parte do cotidiano desta nova família, necessitando os pais adotivos de auxílio direto "para detectar e solucionar as ameaças que imaginam envolvidas na adoção, com medo de não conseguir competir com a memória real ou fantasiada dos pais naturais, sentimentos de incapacidade para exercer a função de pais etc." (Motta, 2000, p. 127).

Essas situações justificam a intervenção da equipe técnica com acompanhamento posterior à concretização da adoção, visando o sucesso da medida e principalmente o bem-estar da criança ou do adolescente adotado. O certo é que, uma vez deferida a adoção, a mesma é irrevogável, com a elaboração de nova certidão de nascimento que possibilita até a alteração do nome do menor. Porém, esta nova situação jurídica da criança ou do adolescente adotado não altera a situação pessoal e emocional pela qual passou. Assim, se juridicamente é possível estabelecer uma nova família, apagando-se inclusive os registros anteriores, emocionalmente o problema é mais delicado. Deflui-se dessa situação que o acompanhamento posterior à concretização da adoção é extremamente útil, para que o ciclo adotivo se complete de forma satisfatória.

Esse acompanhamento pode ser individualizado com a família e a criança ou adolescente adotado ou em grupos de apoio. A vinculação dos interessados é de suma relevância e ocorrerá naturalmente, principalmente se os pretendentes participaram antes de grupos de apoio e orientação, quando da elaboração do cadastro dos interessados à adoção. Porém pode também ser necessário tal acompanhamento, como decorrência de medida judicial aplicada aos pais adotivos ou ao filho adotado, conforme estabelece o ECA nos artigos 129, IV, e 101, II.

FASE PROCESSUAL

É de extrema relevância o estudo social ou a perícia realizada pela equipe interprofissional quando do pedido de adoção. Sua importância ressalta-se em razão da possibilidade de ser formulado pedido por pessoa que não se cadastrou previamente junto ao Juizado da Infância e da Juventude (como há hipótese prevista no artigo 50, § 13º),[41] não tendo sido avaliada anteriormente.

---

41. O Tribunal de Justiça do Estado de São Paulo vinha decidido que o cadastro serve apenas de auxílio, não sendo requisito essencial para o processo de adoção. Agravo de instrumento n. 43.239-0-SP, Câmara Especial, Rel. Alves Braga, 4/6/1998, e Embargos de Declaração n. 40.748-0-SP, Câma-

Da redação legal extrai-se que a intervenção da equipe técnica no processo adotivo pode ocorrer de duas formas: a) realização de estudo social; e b) perícia por equipe interprofissional,[42] ou seja, pode ser realizado apenas o estudo do caso pela assistente social ou a avaliação psicossocial em conjunto com a psicóloga. Em cada caso é que se verificará a necessidade de um ou dos dois estudos. Em princípio, caso os adotantes já estejam cadastrados no Juizado, a realização do estudo social é o bastante, posto que já foram avaliados pela equipe interprofissional. No entanto, nada impede que seja feita recomendação da avaliação psicológica também nesses casos. Na hipótese de não terem sido cadastrados previamente, a perícia pela equipe técnica é indispensável.

A conclusão do estudo social ou da perícia não vincula o Juízo, dada a adoção do princípio do livre convencimento estabelecido no Código de Processo Civil e que se aplica subsidiariamente na área menorista.[43] Conforme adverte Azevedo (1992, p. 473):

> Ao julgar, o juiz não estará adstrito às conclusões a que chegarem a perícia ou o estudo social, podendo formar sua convicção com base em outros fatos ou provas que nos autos se encontrem. Assim se expressara, também, Francisco Augusto das Neves e Castro, em sua Teoria das Provas e sua Aplicação aos Atos Civis: [...] os Juízes não são obrigados a seguir à risca a opinião dos peritos, podendo apreciá-la como entender em sua consciência e compará-la com outros gêneros de provas adotados no processo, dando maior crédito à que lhes parecer mais aceitável (cf. 2. ed. de 1917, posta de acordo com o Código Civil por Pontes de Miranda, p. 152).

Na área da infância, está devidamente prescrito que a equipe técnica tem a função de assessorar a Justiça da Infância e da Juventude. Logo, os laudos não podem ser aceitos sem qualquer questionamento, posto que se assim ocorrer, acabariam substituindo a decisão judicial e os peritos "assumindo a função de julgador".

---

ra Especial, Rel. Alves Braga, 30/7/1998. Agora, com a nova redação dada pela Lei n. 12.010/09 esta questão deverá ser novamente avaliada.

42. ECA, arts. 162, § 1º, e 167.

43. ECA, art. 152, e Código de Processo Civil, art. 436.

Tais laudos devem ser analisados com relação às outras provas efetivadas nos autos (ex.: testemunhal, documental etc.) para possibilitar um julgamento correto. No entanto, esclarece Santos (1980, p. 188) quanto à relevância da perícia sobre as outras provas:

> Sob o aspecto substancial, no entanto, no confronto com outros meios probatórios, por ser prova eminentemente técnica, o juiz, ao sopesar a perícia, há que lhe dar certa prevalência.
>
> A perícia, desde que admitida, presume ser prova altamente valiosa, pois, em torno do fato, vai atuar pessoa dotada de conhecimentos especiais, para lhe facilitar o entendimento. Daí o juiz, para contrariar as conclusões periciais, estar obrigado, sob pena de proferir sentença nula, a indicar os motivos que lhe formaram o convencimento...

Do que foi exposto, não se pode negar a importância do estudo social ou da perícia interprofissional no processo adotivo.

Mas indaga-se: qual o seu objetivo? O que deve almejar o estudo técnico? Estas questões são extremamente importantes para verificar a *ratio juris* da intervenção dos assistentes sociais e psicólogos no processo de adoção.

No processo de adoção, no qual ocorra o contraditório, verifica-se a presença das partes (correspondente aos pretendentes à adoção e os genitores biológicos), com seus respectivos advogados, do Ministério Público e do juiz. Todos envolvidos numa questão onde o objetivo principal é o destino de uma criança ou de um adolescente. É natural, pois, que a solução processual seja aquela que melhor atenda aos interesses do adotado (bem do menor), ou, como diz a lei, aquela que apresentar reais vantagens ao mesmo (ECA, art. 43). Essa identificação de objetivo pode ser comum entre magistrado e Ministério Público, sendo que em relação ao advogado, o interesse do adotando, de certa forma, será aquele que coincida com o da parte que o mesmo patrocina no processo.

Em outras palavras, é difícil conceituar o que vem a ser o interesse do adotando diante dessa dualidade de posições. O assistente social e o psicólogo surgem neste processo adotivo com esta situação definida envolvendo os interesses do menor, as partes, advogados, promotores e juízes.

A presença do técnico no processo adotivo visa identificar esses interesses do adotando — crianças e adolescentes —, ou seja, buscar a solução que melhor atenda aos seus interesses e lhes apresente reais vantagens, ou como definem alguns doutrinadores "o bem do menor". Trata-se de uma questão que envolve critério subjetivo, com elementos não palpáveis, como interesse moral, interesse futuro, interesse familiar, afinidade, afetividade, reais vantagens etc.

Assim, a razão da intervenção técnica no processo adotivo é de auxiliar o Judiciário e, indiretamente, as partes do processo, na busca do que representa o "bem do menor" ou a solução que melhor atenda aos interesses da criança ou do adolescente a ser adotado, levando-se em consideração suas condições pessoais e morais, bem como as daqueles que pretendem adotá-los.

Leite (1997, p. 197), analisando a Jurisprudência, aponta algumas situações que levam à identificação deste interesse, como:

> [...] o desenvolvimento físico e moral da criança, a qualidade de suas relações afetivas e sua inserção no grupo social constituem pontos de referência do "interesse do menor". Outros Juízes levam em consideração a pessoa da criança, como a idade, o sexo, a irmandade.

O Estatuto da Criança e do Adolescente aponta como referencial para a identificação do interesse do menor, questões como: grau de parentesco, relação de afinidade ou de afetividade (art. 28, § 3º), ambiente familiar adequado (art. 29), ambiente livre de presença de pessoas dependentes de substância entorpecente (art. 19), motivos legítimos para a adoção (art. 43).

O papel da equipe técnica é identificar este interesse, a fim de minorar as consequências da medida a ser tomada. Para tanto, deve lançar mão de todos os meios disponíveis para o melhor desenvolvimento de seus trabalhos, analisando as partes do processo (pretendentes à adoção e genitores biológicos) e o menor a ser adotado, que deve ser entrevistado, pois sua opinião deve ser levada em consideração, diante da expressa determinação do Estatuto da Criança e do Adolescente (arts. 28, § 1º, e 45, § 2º).

Um estudo social ou perícia realizada com base nesses fundamentos possibilita a determinação do interesse do menor, auxiliando na solução jurídica que melhor atenda ao adotado, ou a que seja menos ruim para o seu desenvolvimento.

Por fim, cumpre anotar que o preparo do corpo técnico é de suma importância para uma intervenção satisfatória no processo de adoção. Com efeito, irá lidar com questões delicadas envolvendo relações humanas, com uma ruptura da ligação entre mãe/filho e a constituição de uma nova família, que pode se iniciar com um adotante solteiro, do sexo masculino[44] ou pretendentes homossexuais, bissexuais ou com diferentes orientações sexuais. Identificar as reais vantagens do processo adotivo frente a essas considerações exige uma boa qualificação do técnico.

10.3 Aspectos processuais envolvendo a equipe interprofissional

Quanto aos aspectos processuais da intervenção da equipe interprofissional no processo de adoção, algumas considerações devem ser feitas, tendo como referencial o Código de Processo Civil, que se aplica subsidiariamente ao Estatuto da Criança e do Adolescente (art. 152), centrando a questão no problema da perícia técnica, e não no estudo social.

Assim, no que se refere ao *prazo* para a entrega do laudo pericial, estabelece o artigo 421 do Código de Processo Civil, que compete à autoridade judiciária fixá-lo, sendo que por motivo justificado, pode ser prorrogado, "segundo seu prudente arbítrio" (CPC, art. 432).[45] Cabe ressaltar que o Estatuto da Criança e do Adolescente fixou o prazo de 120 dias para

---

44. Estabelece o Estatuto da Criança e do Adolescente que podem adotar os maiores de 18 anos de idade, independente de estado civil (art. 42).

45. No Estado de São Paulo, o Provimento n. 12/95, que trata do cadastro de pessoas interessadas em adoção, fixava em 15 dias o prazo para a entrega da avaliação psicossocial. Atualmente o Provimento n. 05/2005 estabeleceu o prazo de 45 dias, com possibilidade de solicitar a prorrogação.

a conclusão do processo em que envolva a destituição ou suspensão do poder familiar (ECA, art. 163), sendo que o prazo a ser fixado para a elaboração do laudo deve levar em consideração essa circunstância, ou seja, tem que ser um prazo razoável que possibilite a análise do caso, mas que não se apresente como um empecilho para o desfecho da ação. Prazos muitos longos para a elaboração dos laudos poderá gerar situações que venham a extrapolar o prazo fixado para a conclusão do processo. Há necessidade de se ter razoabilidade dependendo da complexidade do caso em análise. Situações mais simples podem levar a um prazo menor para a conclusão do estudo, diferentemente daquelas mais complexas. Esta situação ficará ao prudente arbítrio do magistrado.

O técnico, quando desempenha o papel de perito, pode escusar-se ou ser recusado por *impedimento ou suspeição*, podendo também ser impugnada a sua nomeação (CPC, arts. 138, III, e 423).

O Código de Processo Civil, entre outras circunstâncias (art. 134), considera *impedido* o perito que é parte no processo; quando nele estiver postulando, como advogado da parte, o seu cônjuge ou qualquer outro parente seu, consanguíneo ou afim, em linha reta; ou na linha colateral, até o segundo grau; quando cônjuge, parente, consanguíneo ou afim, de alguma das partes.

Por *suspeito* (CPC, art. 135), o perito considerado amigo íntimo ou inimigo capital de qualquer das partes; quando alguma das partes for credora ou devedora do perito, seu cônjuge, ou de parentes destes em linha reta ou na colateral até o terceiro grau; interessado no julgamento da causa em favor de uma das partes, entre outras hipóteses.

Sendo a perícia uma prova de extrema relevância, pode a parte interessada apresentar *quesitos* e indicar *assistente técnico* para acompanhá-la. Essa circunstância possibilita melhor debate da causa, com a análise de todas as vertentes do caso, apresentando elementos para eventual impugnação das conclusões do laudo oficial.

Nas comarcas deverá ter corpo técnico de assessoramento, diante da relevância da demanda e das novas regras estabelecidas pela Lei n. 12.010/09, que poderão contar com o apoio de técnicos responsáveis pela execução da política de garantia de direito à convivência familiar. Na impossibilidade de se contar com o corpo técnico, pode-se nomear perito assistente social e psicólogo que não pertençam ao quadro do Judiciário, mas que façam parte da política de execução de garantia do direito à convivência familiar, uma vez que, no interesse do menor, todas as alternativas para a regular instrução do processo devem ser realizadas e em face do princípio da municipalização das ações.[46]

Estabelece o Estatuto da Criança e do Adolescente que o trabalho do corpo técnico pode ser fornecido por escrito, mediante laudos ou verbalmente, na audiência (ECA, art. 151). Esta forma oral de apresentação do trabalho técnico visa dar rapidez ao julgamento das demandas, não se tratando de um depoimento equivalente ao de uma testemunha. Trata-se apenas de uma forma de apresentação do laudo, como ocorre com o Ministério Público, que pode oferecer representação oralmente em face de um adolescente infrator (ECA, 182, § 1º).

Como *testemunha*, qualquer integrante do corpo técnico pode prestar esclarecimentos a respeito de seu trabalho, observando duas regras do Código de Processo Civil, aplicáveis no caso. A primeira refere-se à forma como o depoimento é prestado, ou seja, caso a parte esteja interessada em esclarecimentos do perito, deve requerer ao juiz, apresentando desde logo as perguntas, em forma de quesitos, que pretende esclarecer.[47] A segunda regra estabelece que a assistente social ou o psicólogo não estão obrigados a depor sobre fatos a cujo respeito devam guardar sigilo.[48]

Destacou-se, até o momento, a importância do estudo social e da perícia interprofissional para o processo adotivo. Contudo, mesmo representando um elemento de prova de extremo valor e, não obstante as conclusões a serem lançadas, a verdade é que na adoção de adolescente, seu acolhimento fica sujeito à *vontade do adotando*. Com efeito, o Estatuto

---

46. No entanto, não há como negar que a assistente social e psicóloga integrante do corpo técnico do Judiciário apresenta-se mais capacitada para desempenhar tal mister, em face da especialização. Não é outra a razão que há anos luta-se para que as varas da Infância e da Juventude sejam dotadas de técnicos concursados.

47. CPC, art. 435. Esta também é a posição do Conselho Federal de Assistência Social que tem parecer sobre a inadequação de um assistente social atuar como testemunha em casos onde atou como perito.

48. CPC, art. 406, II.

da Criança e do Adolescente e o Código Civil condicionaram o deferimento da adoção à concordância do maior de 12 anos de idade (ECA, art. 45, § 2º). Assim, mesmo que o estudo social ou a perícia sejam favoráveis à adoção, referidos estudos somente serão acolhidos se o adotando concordar com a pretensão dos adotantes.

11. Preparação psicossocial e jurídica dos pretendentes à adoção

Uma das novidades produzidas pela nova legislação de adoção refere-se à preparação psicossocial e jurídica dos postulantes à adoção, a ser orientada pela equipe técnica da Justiça da Infância e da Juventude, com o apoio dos técnicos responsáveis pela execução da política municipal de garantia do direito à convivência familiar. Este novo serviço está previsto no artigo 50, § 3º, do ECA.

Esta preparação não é novidade em muitas comarcas, que contam com o trabalho do denominado Grupo de Orientação à Adoção que atende, preferencialmente, pessoas envolvidas nesse processo, seja como adotantes ou pretendentes, o que difere de outros grupos que trabalham com a adoção consolidada. O trabalho desenvolvido busca conduzir os participantes à reflexão sobre a motivação pessoal para a adoção, correlacionando-a com as necessidades do adotado, através de reuniões temáticas dirigidas pelos diferentes profissionais. Este trabalho proporciona uma reflexão e amadurecimento do instituto da adoção, em todas as suas vertentes e a melhor forma de conduzir o debate.

A ideia dessa preparação psicossocial decorre da necessidade de se criar um espaço de discussão e orientação referente aos questionamentos e temores envolvidos na adoção. Crianças e adolescentes adotivos com problemas de adaptação familiar e social e com um histórico de vida, somado ao despreparo das famílias ou pretendentes que, muitas vezes, buscam na adoção a solução de carências e conflitos pessoais, com total desconhecimento das questões legais, dificultam a possibilidade do estabelecimento de um vínculo afetivo capaz de dar conta dessa nova relação que se origina com a adoção, garantindo, de forma plena, o direito à convivência familiar.

Assim, este trabalho a ser desenvolvido terá por finalidade estimular os pretendentes a refletir sobre os aspectos psicossociais e legais relacionados à adoção.

A nova legislação estabelece que esse trabalho deva ser desenvolvido pela equipe técnica da Justiça da Infância e da Juventude, contando com o apoio preferencial dos técnicos responsáveis pela política pública de convivência familiar. Contudo, como também implica a análise jurídica do instituto, nada impede a participação de juízes, promotores de justiça, defensores públicos e advogados no desenvolvimento dos trabalhos. Isso garante maior interdisciplinaridade das questões envolvendo a criança e o adolescente e o relevante papel que estes atores exercem quanto ao preparo e desmistificação do processo adotivo.

O legislador não estabeleceu uma regra geral de como deve ocorrer o desenvolvimento dos trabalhos relativos a essa preparação, ou seja, não especificou como deve ocorrer os encontros e o conteúdo a ser explanado (falou apenas da preparação psicossocial e jurídica). Contudo, levando-se em consideração algumas experiências exitosas relativas ao tema,[49] a preparação pode-se desenvolver da seguinte maneira.

O trabalho desenvolvido pela equipe deve integrar um cronograma previamente estabelecido e discutido, envolvendo todos aqueles postulantes à adoção que estão em processo de cadastramento, formando pequenos grupos para a discussão dos temas, ou seja, deve-se dar preferência a uma preparação coletiva do que individual, em face da riqueza das trocas de informações e experiências. O trabalho de forma coletiva facilita as atividades das técnicas do Poder Judiciário, não as sobrecarregando com mais essa atividade. A coordenação dos trabalhos deve recair, preferencialmente, sobre estas técnicas (cada grupo pode ser coordenado por uma assistente social e uma psicóloga).

Pode-se estabelecer uma sequência de temas nos encontros como:

---

49. Uma das experiências refere-se ao trabalho desenvolvido pela equipe técnica do Fórum de Presidente Prudente/SP, com a participação do promotor de justiça no desenvolvimento de uma metodologia para a preparação das pessoas interessadas no cadastro. Alias, é esta metodologia que será apresentada como regra para a preparação em análise e que foi construída coletivamente pelos integrantes do trabalho.

a) Apresentação dos participantes e do conteúdo dos trabalhos a ser desenvolvidos

Neste primeiro encontro, além da apresentação formal, firma-se um compromisso de frequência com os participantes, em relação à programação. Sempre que possível, deve-se oferecer aos participantes um questionário onde irão apresentar as suas expectativas com relação aos temas a ser tratados, os quais serão confrontados com os dados da avaliação final.

b) Motivação

"Eu quero adotar uma criança porque [...]." Nessa reunião deve-se discutir os motivos pelos quais deseja adotar, trabalhando o conceito de adoção e a motivação pertinente. Sabe-se que a adoção não pode ocorrer como tentativa para solução de problemas pessoais dos adotantes ou mesmo para a solução de problemas específicos da criança a ser adotada. A adoção tem "que se revestir de um conteúdo muito mais amplo e profundo. Trata-se de um posicionamento assumido pela pessoa diante da possibilidade de estabelecer relações interpessoais afetivas que compõem um projeto educativo".[50]

No entanto, essa situação não é muito clara para a maioria das pessoas que buscam a adoção em face de outros motivos, principalmente ligada à frustração por não ter filhos ou baseados em outros interesses que não a criança em si, como esterilidade masculina, infertilidade feminina, morte de um filho, resolução de conflitos conjugais, caridade, falta de ocupação, falta de companhia e outros. Nessa reunião, deve-se colocar a criança a ser adotada como principal foco ou o fator determinante para a adoção. A adoção não deve ser vista como um remédio, uma fórmula mágica capaz de tapar os buracos existentes na vida do adotante, não tendo a criança o compromisso de resolver os problemas dos adultos. A reflexão sobre a motivação é fundamental para o desenvolvimento sadio de uma relação que se firma através do processo de adoção. Aliás, adoções malsucedidas decorrem, muitas vezes, de numa falsa motivação.

---

50. Schettini Filho, Luiz. *Compreendendo os pais adotivos*. Recife: Bagaço, 1998. p. 13.

c) Revelação

No exercício da maternidade-paternidade é que se constrói a relação pai-mãe-filho, a qual tem como condição fundamental a gestação afetiva, e não a biológica. Para o desenvolvimento harmônico dessa relação e para que a criança tenha condição de construir, sobre uma base verdadeira, a sua história individual, é que se considera essencial esclarecer a criança sua condição de adotada.

Falar a verdade é indispensável e tão cedo quanto possível, porém não há fórmulas de como fazê-lo. O tema não deve ser relatado de forma solene, mas como parte do diálogo natural e do cotidiano da família. Como já se afirmou, "não se deve servir papinha para uma criança de seis anos e nem um bife para uma de seis meses"; cada alimento deve acompanhar o desenvolvimento da criança. Assim também em relação à revelação da adoção, que deve ocorrer de acordo com o desenvolvimento e o amadurecimento da criança.

Discutir esse tema com os participantes do grupo é de fundamental importância, pois os paradigmas que cercam a revelação, como a supervalorização da contribuição biológica na maternidade, ou o medo de perder a criança adotada, acarretam prejuízos para o seu desenvolvimento. O silêncio, a mentira ou a fantasia podem acarretar insegurança, ansiedade, angústia, depressão e medo.

d) Desenvolvimento da criança e do adolescente

O estabelecimento de relações familiares ocorre na medida em que se consolida a função materna e paterna no convívio diário. Para tanto, os pais adotivos precisam conhecer quem é e como é a criança que eles estão recebendo no seio de sua família. Assim, nesta reunião, devem-se passadas noções de desenvolvimento infantil e da adolescência, para que os pais adotivos sintam-se mais seguros no desempenho da função materna e paterna. Os tópicos apresentados em cada fase referem-se ao desenvolvimento motor, social, cognitivo e afetivo. Este trabalho pode ser coordenado por uma psicóloga.

Nesse tópico, um dos temas a ser analisado refere-se ao mito de que a criança adotiva, quando atingir a adolescência, certamente dará problemas aos adotantes. O desenvolvimento sadio e harmonioso da criança em um ambiente acolhedor não resultará no mito apresentado. Até porque não são adotivos a maioria dos adolescentes infratores, ou seja, não é a filiação biológica ou adotiva que determinará essa situação, mas a forma como ocorreu a relação no ambiente familiar.

e) A adoção e o contexto social

Nesse encontro, o processo de adoção é analisado de maneira mais ampla e, de preferência, por uma assistente social que deve conduzir a reunião visando abordar o instituto em relação aos mitos e preconceitos para que os interessados e a sociedade em geral aceitem integralmente a adoção, como possibilidade de vinculação legal e afetiva, que não depende de gestação ou da consanguinidade, mas da convivência, aspecto comum com os filhos biológicos. Neste particular, deve ser analisada a questão educacional, ou seja, como enfrentar o cotidiano escolar com uma criança adotada e também a questão relativa à alteração do nome do adotando, que apresenta reflexos no contexto social.

f) Aspectos legais referentes à adoção

Finalizando o encontro, e dando cumprimento à norma legal, a adoção será analisada no aspecto jurídico. Isto porque o instituto da adoção apresenta como característica ímpar o fato de envolver ações de diversas áreas, como social, psicológica e também jurídica. Assim, as orientações lançadas às pessoas interessadas em adoção não poderiam se limitar aos dois primeiros aspectos, necessitando também de esclarecimentos e informações na área jurídica, ou seja, o que diz a legislação a respeito do assunto.

Neste tópico, devem ser analisados temas como: a) cadastro de adotantes e adotados: por que se cadastrar; quais as vantagens; a importância da reunião para o sucesso da adoção, inclusive em termos processuais; b) tipos de adoção: consensual e litigiosa; c) procedimentos: estudos técnicos, oitiva de testemunhas, audiências, recursos etc. d) poder familiar: causas para a sua perda e extinção; e) efeitos da adoção: mandado de averbação, alteração de nome do adotado, irrevogabilidade, entre outros.

Alguns tópicos que podem gerar controvérsia em relação ao aspecto jurídico, dizem respeito: a) ao prazo para a conclusão da adoção, ou seja, à demora processual para o desfecho do processo e que agora foi fixado em 120 dias para a destituição do poder familiar (ECA, art. 163); b) o medo de perder o adotado, em face de eventual contestação dos genitores biológicos. Deve ser ressaltada, neste aspecto, a preocupação que se deve ter com a criança que está sendo adotada e a segurança que deve existir em tais decisões em face da natureza da ação.

Observa-se que a compreensão das questões jurídicas faz com que os adotantes se sintam mais seguros e confiantes no que se refere à atuação jurisdicional, facilitando, assim, a tramitação do processo.

g) Encerramento

Na última reunião, deve-se dar cumprimento ao que estabelece o art. 50, § 4º, do ECA, quanto ao contato dos participantes com crianças e adolescentes em acolhimento familiar ou institucional, em condições de serem adotados. Pode-se também convidar uma pessoa que já adotou, juntamente com o adotante, preferencialmente, que se encontre na fase da adolescência, para testemunharem a forma como vivenciaram a adoção, estando disponíveis para responder aos questionamentos feitos pelos participantes. Considera-se de grande valia o depoimento dessas pessoas, as quais têm a oportunidade de desmistificar algumas situações existentes na adoção. Os depoimentos, verdadeiros e sinceros, mostram as dificuldades vivenciadas e as formas utilizadas para superar as adversidades surgidas.

Ao final, deve ser realizada uma avaliação, com o preenchimento de um questionário, no qual os participantes emitem seu parecer sobre a abordagem dos temas apresentados e fazem críticas e sugestões ao trabalho desenvolvido. É uma forma de aprimorar esses encontros.

Vale ressaltar que essa metodologia é apenas exemplificativa e que esse preparo psicossocial e jurídico deve atender às peculiaridades de cada local e dos temas mais próximos dos interessados, ou seja, deve haver flexibilidade para a inclusão ou supressão de temas.

É importante destacar que muitas vezes o sucesso de adoções está vinculado a uma boa preparação, pois, como se sabe, a adoção não é para qualquer um.

12. Estágio de convivência

Está disciplinado no artigo 46 e parágrafos, do ECA, e sofreu significativas alterações com a vigência da Lei n. 12.010/09.

O estágio de convivência é um período de tempo em que se avalia a adaptação entre adotante e adotado e onde se concretiza a disposição de adotar e ser adotado. A constituição de vínculo parental adotivo exige, além de outros requisitos, o tempo. Assim, durante a tramitação do processo de adoção, pode o juiz fixar um prazo (lapso de tempo) de estágio de convivência entre as partes, que será acompanhado pela equipe técnica para avaliação dos requisitos da adoção. Este acompanhamento também pode ser realizado pelos técnicos responsáveis pela execução da política de garantia do direito à convivência familiar. O estágio de convivência se constituiu em uma fase do processo de adoção.

De acordo com as peculiaridades de cada caso, compete ao juiz fixar o prazo de estágio de convivência, podendo, em caráter excepcional, dispensá-lo, se o adotando já estiver sob a tutela ou guarda legal do adotante durante tempo suficiente para que seja possível avaliar a convivência da constituição do vínculo. Pela antiga normativa do ECA, o estágio poderia ser dispensado se o adotando não tivesse mais de um ano de idade ou, independente da idade, já estivesse na companhia dos requerentes, durante tempo suficiente para se avaliar a constituição do vínculo de afetividade.[51] Agora, tal dispensa somente poderá ocorrer na hipótese de guarda ou tutela (legal) do adotante, não bastando a guarda de fato ou a idade do adotando. Este novo regramento pode criar situações que necessitarão da interpretação doutrinária e jurisprudencial para me-

51. Pelo Código de Menores, na adoção plena o estágio de convivência deveria ser pelo período mínimo de um ano (art. 31).

lhor aplicação da lei. Exemplo desta hipótese é o caso de adoção unilateral, em que a parte interessada, às vezes já casada com a genitora da criança, com quem convive há vários anos, por tempo suficiente para avaliar a constituição do vínculo, necessitará requerer a guarda judicial para pleitear a adoção, sem a necessidade do estágio de convivência.

Na adoção por pessoa ou casal residente ou domiciliado no estrangeiro, o estágio é obrigatório, devendo ser cumprido no território nacional (não pode ocorrer o estágio de convivência no exterior) e no prazo mínimo de 30 dias, independente da idade do adotando. A nova legislação unificou o prazo para adoção internacional, pois, anteriormente, o prazo era de no mínimo 15 dias para crianças até dois anos de idade e de no mínimo 30 dias quando se tratar de adotando acima de dois anos de idade. Não se vislumbra a possibilidade de dispensa do estágio de convivência (no caso de guarda ou tutela) para pessoa ou casal domiciliado no exterior, em face do caráter da excepcionalidade e do fato de os mesmos só poderem ter a criança na modalidade de adoção (art. 31).[52]

Descabe estágio probatório para a adoção civil de pessoa maior de 18 anos de idade, mesmo que se trate de adotantes estrangeiros.

Verifica-se que a finalidade principal do estágio de convivência consiste em verificar a adaptação da criança, ou do adolescente, ao adotante. Essa adaptação refere-se à constituição de vínculos afetivos entre as partes e da conveniência do deferimento da medida e deve ser objeto de destaque no estudo técnico a ser realizado pela equipe interprofissional, com apoio dos técnicos responsáveis pela execução da política de garantia do direito à convivência familiar. Esse estágio, pela importância que tem, não pode ser curto e nem tão longo, mas por tempo suficiente para as partes se conhecer e verificar as dificuldades do relacionamento, os desafios e o sucesso da adoção pretendida. Vale lembrar que o estágio deve ser dosado

---

52. Na legislação passada vigora divergência entre os doutrinadores a respeito da obrigatoriedade da fixação de prazo para o estágio de convivência na adoção internacional. Para José de Farias Tavares, Munir Cury, Paulo Afonso Garrido de Paula e Jurandir Marçura, o estágio de convivência era obrigatório. Para Arthur Marques da Silva Filho, o estágio para a pessoa ou casal estrangeiro era inconstitucional, em face da diferença de tratamento dispensado entre nacionais e estrangeiros quanto a direitos civis (art. 5º, *caput* da CF) (Pachi, 2005, p. 173).

dependendo da situação fática envolvendo as partes, pois uma adoção de criança com mais idade ou adolescente requer um prazo mais longo do estágio de convivência do que uma adoção de um recém-nascido. Assim, a fixação do prazo fica a critério do prudente arbítrio do magistrado, que levará em consideração as peculiaridades do caso.

Durante o estágio, pode-se vislumbrar mudança de comportamento do adotando, como agressividade, regressão, constituição do vínculo artificial, preconceito em face de a criança ter características diferentes, dificuldades emocionais, entre outros, devendo a equipe técnica desempenhar um papel fundamental para o encaminhamento do caso.

Constata-se que a dispensa do estágio de convivência somente poderá ocorrer nas hipóteses de o adotante ter a guarda (legal e não de fato) ou a tutela do adotando em tempo suficiente para verificar a constituição do vínculo. Nas demais hipóteses, é obrigatória a fixação de prazo para o estágio de convivência. Porém, como já afirmado, haverá necessidade de uma interpretação mais adequada dessa nova regra, em face de situações concretas que demonstram a efetiva constituição do vínculo adotivo entre as partes que autorizariam a dispensa do referido estágio, já que o objetivo do mesmo teria sido atingido.

13. Efeitos da sentença

Uma vez proferida a decisão judicial de adoção, vários efeitos serão produzidos em relação a adotante e adotado, em face da natureza do instituto. Esses efeitos são de natureza pessoal e patrimonial. A diretriz legal que estabelece tais efeitos está prevista na Constituição Federal, que determina:

> Art. 227. ... § 6º — Os filhos, havidos ou não da relação do casamento, ou por adoção, terão os mesmos direitos e qualificações, proibidas quaisquer designações discriminatórias relativas à filiação.

Para cumprimento de tal mandamento legal, o ECA, no artigo 41, esclareceu:

> Art. 41. A adoção atribui a condição de filho ao adotado, com os mesmos direitos e deveres, inclusive sucessórios, desligando-o de qualquer vínculo com pais e parentes, salvo os impedimentos matrimoniais.

Verifica-se do exposto, que o principal efeito, de natureza pessoal, da decisão judicial de adoção é atribuir ao adotando a ***condição de filho***, desfrutando de todos os direitos e obrigações decorrentes desta relação familiar. Rompe-se com os vínculos estabelecidos com os pais biológicos e seus parentes.

Esta situação altera uma prática vigente na legislação revogada (Lei n. 4.655/65 e Código de Menores) quanto ao tratamento diferenciado dispensado ao adotante, posto que não integrava em inteireza a família dos adotantes, com limitações pessoais e de natureza sucessória. Hoje, a realidade é outra, posto que ocorre a

> extinção de qualquer vínculo entre o adotado e seus pais biológicos e parentes e envolve todo tipo de direitos e obrigações. E, pela reciprocidade que informa a adoção, ao constituir-se o novo vínculo parental, desconstitui-se o anterior. Opera-se a extinção dos vínculos entre os pais biológicos e parentes e o adotado. (Silva Filho, 2009, p. 221)

É óbvio que essa regra se aplica nas hipóteses de adoção conjunta, pois se a adoção for realizada de maneira singular (adoção unilateral), permanece os vínculos do adotado com o(a) genitor(a) biológico(a) e seus parentes (ECA, art. 41, § 1º).

Uma vez atribuída a condição de filho à criança ou ao adolescente adotado, um outro efeito pessoal da decisão judicial de adoção a ser analisado diz respeito ao *nome do adotado*. A Lei n. 12.010/09 alterou a regra, então prevista no ECA, quanto a essa questão, estabelecendo que a sentença judicial conferirá ao adotado o nome do adotante e, a pedido de qualquer deles, poderá determinar a modificação do prenome (ECA, art. 47, § 5º). Determinou, porém, que no caso de a modificação do prenome ter sido requerida pelo adotante, é obrigatória a oitiva do adotando (ECA, art. 47, § 6º). Estas regras dão sustentação ao que foi explicitado anteriormente quanto à integração do adotado na família do adotante. De nada adiantaria a adoção e, principalmente, a proibição contida na Constituição

Federal, quanto à impossibilidade de discriminação em face da origem da filiação (CF, art. 227, § 6º, e ECA, art. 26), se não pudesse ocorrer a alteração do nome, pois, do contrário, seria evidente a discriminação do adotado. Haveria uma integração parcial do adotado na família do adotante.

Sabe-se que o nome é composto pelo prenome (nome da pessoa) e o patronímico (apelido de família — sobrenome) e que é um dos direitos da personalidade, que tem por objetivo individualizar o sujeito na sociedade.

No caso da adoção, pode ocorrer a alteração apenas do patronímico, com a inclusão dos apelidos da família do adotante, bem como da inserção de seus ascendentes paternos e maternos (ECA, art. 47, § 1º), como também ocorrer a alteração do prenome. Nessa última hipótese a alteração legislativa proporcionada pela Lei n. 12.010/09 procura dar cumprimento ao direito fundamental de liberdade da criança e do adolescente (ECA, art. 16, II), conferido o direito de opinião quanto à alteração, ou seja, se a manifestação do prenome for formulada pelos adotantes, é obrigatória a manifestação de vontade do adotado, pouco importando se for criança ou adolescente. Nessa hipótese, a intervenção da equipe interprofissional apresenta-se de grande relevância para identificar as consequências da alteração do nome, levando-se em consideração o estágio de desenvolvimento do adotado e o seu grau de compreensão quanto às implicações da alteração pretendida.

Vale registrar, em relação à alteração do prenome, que se deve ter algumas cautelas. Caso o adotado for uma criança com pouca idade (até dois anos), essa alteração não trará grandes consequências, pois ainda não há uma perfeita identificação com o seu prenome. Contudo, a partir do momento em que o adotado adquire mais idade e se reconhece pelo prenome pelo qual é chamado, havendo uma perfeita identificação e identidade, a alteração requer cautela, devendo buscar-se a manutenção deste nome, com o acréscimo do que se pretende introduzir. Exemplo típico desta situação é o caso do adolescente que tem o nome de José e os pais adotivos pretendem alterar para Antonio. Nessa hipótese, é adequado que se mantenha o nome José acrescentando o Antonio, ou seja, José Antonio ou Antonio José. Trata-se de uma forma de conciliar os interesses de adotante e adotado.

Prosseguindo nesta análise dos efeitos de natureza pessoal da decisão concessiva da adoção, constata-se que outra consequência diz respeito à *perda do poder familiar pelos pais biológicos*. A adoção requer como antecedente lógico a destituição do poder familiar dos genitores biológicos, a ponto de, mesmo no caso de morte dos adotantes, não se restabelecer o vínculo parental biológico, em face do caráter irrevogável da medida. É o que se extrai da leitura dos artigos 39, § 1º, e 49, do ECA

> Art. 39. [...] § 1º A adoção é medida excepcional e irrevogável, à qual se deve recorrer apenas quando esgotados os recursos de manutenção da criança ou adolescente na família natural ou extensa, na forma do parágrafo único do art. 25 desta Lei.
>
> [...]
>
> Art. 49. A morte dos adotantes não restabelece o poder familiar dos pais naturais.

Deve-se registrar que essa situação não impede que o adotado tenha o direito de conhecer a sua origem biológica e ter acesso ao processo de adoção. O que não se vislumbra é a mutabilidade de uma situação concretizada que interfere nos laços familiares. A decisão judicial garante essa segurança jurídica e definitividade da relação estabelecida.

A exceção que permanece em relação à adoção e à família biológica e que decorre da decisão judicial refere-se aos impedimentos matrimoniais. O artigo 41 do ECA, ao fazer referência à consequência oriunda da adoção, estabelece apropriação do adotado da condição de filho do adotando, com os mesmos direitos e deveres, inclusive sucessórios, salvo os impedimentos matrimoniais. Estabeleceu tal regra em obediência ao que determina o Código Civil quanto ao impedimento do casamento, em razão do parentesco civil. Estabelece o artigo 1.521 do Código Civil:

> Art. 1.521. Não podem casar:
>
> I — **os ascendentes com os descendentes, seja o parentesco natural ou civil**;
>
> II — os afins em linha reta;
>
> III — **o adotante com quem foi cônjuge do adotado e o adotado com quem o foi do adotante**;

> IV — os irmãos, unilaterais ou bilaterais, e demais colaterais, até o terceiro grau inclusive;
> V — **o adotado com o filho do adotante**;
> VI — as pessoas casadas;
> VII — o cônjuge sobrevivente com o condenado por homicídio ou tentativa de homicídio contra o seu consorte.

Constata-se, dos incisos I, III e V, a relação direta do impedimento proporcionado pela adoção, quanto à questão do casamento em face do parentesco civil efetivado. Quanto à razão de tal proibição, esclarece Silva Filho (2009, p. 248) que "a justificar tal proibição levanta-se, de um lado, a necessidade biológica de proteção à prole; de outro, o fundamento de proteção à família, evitando o atentado à moral e aos bons costumes".

A par desses efeitos de natureza pessoal surgem, também, outros efeitos de ordem patrimonial relativos ao direito a alimentos e sucessão por parte do adotado.

Assumindo a condição de filho, em todos os seus efeitos, não se pode negar que o **direito a alimentos** também se estabelece de forma recíproca entre adotantes e adotado. Cessa eventual direito quanto à família biológica, estabelecendo-se a nova relação com a família adotiva. Decorre tal direito do estabelecido na Constituição Federal (arts. 227, § 6º, e 229) e do estabelecido no Código Civil:

> Art. 1.696. O direito à prestação de alimentos é recíproco entre pais e filhos, e extensivo a todos os ascendentes, recaindo a obrigação nos mais próximos em grau, uns em falta de outros.

Observa-se que não há qualquer distinção entre o filho adotivo e o legítimo. E em face da igualdade constitucionalmente garantida, ambos são responsáveis pelo dever alimentar, em caráter de reciprocidade com os pais. Trata-se de uma decorrência lógica do vínculo parental estabelecido.

Na questão **sucessória**, o adotado passa a ser herdeiro legítimo do adotante, concorrendo em igualdade de condições na ordem da vocação hereditária com os demais descendentes e o cônjuge. É o que estabelece o artigo 1.829, do Código Civil. Verifica-se que essa questão sofreu significativa alteração, posto que na legislação revogada constatava-se uma discriminação ao filho adotivo quanto à questão sucessória. Com efeito. As regras previstas eram as seguintes:

Código Civil — 1916
Se permanecer filho único, o adotado herda integralmente; havendo filhos legítimos o adotado terá direito à metade do que couber ao filho legítimo.

Lei n. 3.133/57
Se for filho único, o adotado herda integralmente. Se, ao tempo da adoção, os adotantes já possuírem filhos, o adotado nada herda e se houver filhos legítimos após a adoção o adotado terá direito à metade do que couber ao legítimo.

Lei n. 4.655/65 — Legislação adotiva
Se for filho único, o adotado herda integralmente. Se, ao tempo da adoção, os adotantes já possuírem filhos, o adotado nada herda e se há filhos legítimos após a adoção o adotado terá direito à metade do que couber ao legítimo.

Lei n. 6.697/79 — Código de Menores
Simples: Se for filho único, o adotado herda integralmente. Se, ao tempo da adoção, os adotantes já possuírem filhos, o adotado nada herda e se há filhos legítimos após a adoção o adotado terá direito à metade do que couber ao legítimo.
Plena: direitos iguais

Lei n. 8.069/90 — Estatuto da Criança e do Adolescente:
Igualdade de direitos (igualdade de condição com os filhos consanguíneos). Herdam com as mesmas condições que os filhos legítimos. Esta legislação somente veio a se efetivar em face da igualdade estabelecida pela Constituição Federal de 1988. É o que estabelece o artigo 41, § 2º, do ECA:

> É recíproco o direito sucessório entre o adotado, seus descendentes, o adotante, seus ascendentes, descendentes e colaterais até o 4º grau, observada a ordem de vocação hereditária.

14. Ministério Público

O Ministério Público, entre as instituições ligadas à Justiça, foi o que mais alterou o seu perfil,[53] buscando uma identificação com a realidade social e os problemas que se manifestam na sociedade.

Essas mudanças foram bem anotadas por Mazzilli (In: Vigliar, 1999, p. 45-51), que demonstrou a aquisição, pelo Ministério Público, de uma nova postura constitucional com outras atribuições, bem diferentes das até então desempenhadas, amoldando-se à nova realidade social do país. Isto porque,

> à medida que o direito deixa de se colocar como simples mediador e protetor de autonomias privadas, para incorporar objetivos sociais muito mais amplos, passando o Estado a desempenhar papel de regulação das atividades econômicas e sociais, as funções do Ministério Público também passam a ser colocadas de maneiras diversas. (Salles, 1999, p. 40)

Com esta perspectiva, constata-se que, entre as diversas áreas de atuação do promotor de justiça[54], é no campo da Infância e da Juventude que a sua atuação jurídico-social se mostra mais presente e sofreu singular destaque pelas inovações trazidas pela Lei n. 12.010/09. Essa atuação deve ser materializada sob o comando do princípio da prioridade absoluta previsto na Constituição Federal e no Estatuto da Criança e do Adolescente, tendo o promotor de justiça o papel de defensor dos direitos fundamentais das crianças e dos adolescentes.

A atuação será processual, mas também preventiva e extraprocessual, fato devidamente captado por Ferraz e Guimarães Júnior (1997, p. 83), que afirmam:

---

53. Carlos Alberto de Salles em artigo intitulado "Entre a razão e a utopia: a formação histórica do Ministério Público" (In: Vigliar, José Marcelo Menezes; Macedo Júnior, Ronaldo Porto [Coords.]). *Ministério Público II*: democracia, p. 13-41) traça toda a evolução da instituição do Ministério Público, analisando no âmbito internacional e nacional, com o aprimoramento constitucional, conclui que o desenvolvimento apresentado não encontra similar exato em outras partes do mundo.

54. Cível, criminal e proteção dos interesses difusos e coletivos (infância e juventude, meio ambiente, consumidor, deficientes, idoso, direitos do cidadão, loteamento e urbanismo, proteção a bens e direitos de valor artístico, estético histórico, turístico e paisagístico).

> O Ministério Público deve procurar soluções para o próprio problema criminal, para a própria preservação do meio ambiente, para a própria proteção do menor, da pessoa portadora de deficiência e do acidentado do trabalho, por exemplo, e não apenas soluções para um ou vários processos criminais, ou para feitos que versem sobre dano ambiental ou processos em que figurem como parte um menor, um deficiente ou um acidentado do trabalho!

A atuação preventiva, quando se analisa a questão da garantia do direito à convivência familiar, está centrada na intervenção junto às entidades de acolhimento institucional ou familiar, no cadastro dos pretendentes à adoção e no cadastro das crianças e/ou adolescentes disponíveis à adoção, na preparação jurídica dos pretendentes à adoção e outras ações relacionadas à manutenção da convivência familiar.

Na esfera processual, a intervenção ministerial é obrigatória, sob pena de nulidade. Desempenhando sua função, deve o promotor de justiça fiscalizar a correta aplicação da lei, quanto à legalidade e regularidade do processo, bem como à tutela do interesse da criança e do adolescente. A manifestação processual deve ser fundamentada (ECA, art. 205).

Quando se analisa as alterações proporcionadas no ECA pela Lei n. 12.010/09 em relação à garantia do direito à convivência familiar, verifica-se que o Ministério Público foi chamado a intervir em diversas oportunidades, além daquelas já previstas na legislação alterada. Podem ser citadas as seguintes hipóteses apresentadas pela Lei n. 12.010/09:

- Na questão dos alimentos para a criança ou o adolescente sob a guarda de terceiro (ECA, art. 33, § 2º).
- Na alimentação do cadastro e na convocação criteriosa dos postulantes à adoção (ECA, art. 50, § 12).
- Na intervenção dos procedimentos visando à regularização de adoção internacional, quando o Brasil for o país de acolhida, inclusive tomando providências para garantir os direitos da criança e do adolescente (ECA, art. 52-C, §§ 1º e 2º).
- Integração operacional do Ministério Público com os demais integrantes do sistema de garantia de direito (ECA, art. 88, VI).

- Atestar a regularidade dos programas desenvolvidos pelas entidades governamentais e não governamentais para inscrição no Conselho Municipal dos Direitos da Criança e do Adolescente (ECA, art. 90, § 3º, II).
- Qualificação dos promotores de justiça quanto aos programas de acolhimento institucional destinados à colocação familiar de crianças e adolescentes (ECA, art. 92, § 3º).
- Intervenção nos procedimentos de acolhimento institucional de urgência de criança ou adolescente (ECA, art. 93, parágrafo único).
- Intervenção para suspensão das atividades ou dissolução da entidade (ECA, art. 97, § 1º).
- Afastamento da criança ou do adolescente do convívio familiar (ECA, art. 101, § 2º).
- Intervenção no processo de reintegração familiar de criança em programa de acolhimento familiar ou institucional (ECA, art. 101, § 8º).
- Providências para a destituição do poder familiar ou de tutela ou guarda (ECA, art. 101, §§ 9º e 10).
- Acesso ao cadastro de crianças e adolescentes disponíveis para adoção (ECA, art. 101, § 12).
- Ajuizamento da ação de investigação de paternidade (ECA, art. 102, § 4º).
- Receber representação do Conselho Tutelar quanto às ações de perda ou suspensão do poder familiar (ECA, art. 136, XI, e parágrafo único).
- Intervenção no processo de destituição ou suspensão do poder familiar, podendo requerer a realização de estudo social ou perícia pela equipe interprofissional (ECA, art. 161, § 1º).
- Oitiva dos pais quando se manifestam pela entrega da criança ou do adolescente para adoção (ECA, art. 166, §§ 1º e 2º).
- Intervenção no processo de habilitação dos pretendentes à adoção (ECA, art. 197-B).

Em face dessas inovações, merece destaque a atuação do promotor de justiça em duas situações: a) na preparação dos pretendentes à adoção (atuação extraprocessual); e b) na propositura da ação judicial para destituição do poder familiar (atuação processual).

14.1 Intervenção na preparação dos pretendentes à adoção

Determina o artigo 50, § 3º, a preparação psicossocial e jurídica do postulante à adoção. Estabelece literalmente:

> § 3º A inscrição de postulantes à adoção será precedida de um período de preparação psicossocial e jurídica, orientado pela equipe técnica da Justiça da Infância e da Juventude, preferencialmente com apoio dos técnicos responsáveis pela execução da política municipal de garantia do direito à convivência familiar.

Observa-se, pela redação do citado dispositivo, que a preparação deve incluir temas da área social, psicológica e jurídica. Isto porque o instituto da adoção apresenta como característica ímpar o fato de envolver ações de diversas áreas: social, psicológica e também jurídica. Assim, as orientações lançadas às pessoas interessadas em adoção não poderiam se limitar aos dois primeiros aspectos, necessitando também de esclarecimentos e informações na área jurídica.

Estabelece ainda os responsáveis por essa preparação: equipe técnica da Justiça da Infância e da Juventude e técnicos responsáveis pela execução da política municipal de garantia do direito à convivência familiar.

Como já afirmado, além de outros, os principais temas na área jurídica que devem ser objeto de análise nessa preparação são: a) cadastro de adotantes e adotados: por que se cadastrar; quais as vantagens; a importância da preparação para o sucesso da adoção, inclusive em termos processuais; b) modalidades de adoção; c) procedimentos: estudos técnicos, oitiva de testemunhas, audiências, recursos etc.; d) poder familiar: causas para a sua perda e extinção; e) efeitos da adoção: mandado de averbação, alteração de nome do adotado, irrevogabilidade.

A compreensão das questões jurídicas envolvendo o processo da adoção faz com que os adotantes se sintam mais seguros e confiantes no que se refere à atuação jurisdicional, facilitando, assim, a tramitação do processo.

Nessa preparação não se deve analisar a situação processual de qualquer um dos participantes do grupo. Qualquer dúvida a respeito da tramitação do processo deve ser esclarecida em outra oportunidade.

Em face do que foi exposto, verifica-se que a participação do promotor de justiça nessa preparação se mostra muito pertinente e necessária, quando se analisa essa questão jurídica e está sedimentada na ação social e garantidora dos direitos fundamentais das crianças e dos adolescentes. Isto porque:

- Se trata de uma ação preventiva: não lida com o problema familiar instalado, e sim com as ações afirmativas e garantidoras do direito à convivência familiar.
- O promotor de justiça sai da esfera processual para lidar, no âmbito de sua competência, com a população interessada na adoção de criança e adolescente; trabalha como um articulador ou reordenador da sociedade em face do tema tratado.

Esta ação não está proibida pela legislação em vigor e também não impede a participação do juiz da Infância e da Juventude, defensores públicos ou advogados nesta preparação jurídica. Ademais, tais pessoas são mais que capacitadas para apresentar os questionamentos jurídicos das questões envolvendo o processo de colocação de criança ou adolescente em família substituta na modalidade de adoção. No entanto, a efetiva participação do promotor de justiça nessa etapa do processo adotivo apresenta-se de maneira eficaz e dentro da esfera de atuação prevista na legislação.

14.2 Propositura da ação de destituição do poder familiar

Um dos problemas que atingem o promotor de justiça que atua na área da Infância e da Juventude consiste em saber qual o momento ideal ou propício para ingressar com a ação de destituição do poder familiar, envolvendo uma criança ou o adolescente que se encontra em programa de acolhimento institucional ou familiar. Ciente de que a convivência familiar constitui direito fundamental da criança e do adolescente e que ocorra no seio da sua família natural e, excepcionalmente, na família extensa ou ampliada, e mais ainda em família substituta, na modalidade de guarda, tutela ou adoção, constata-se que a institucionalização de criança e adolescente em entidade de acolhimento institucional constitui uma medida excepcional e transitória, que requer solução rápida e efetiva.

A solução para essa institucionalização está em: a) buscar condições para o retorno da criança ou do adolescente para sua própria família ou na família ampliada ou extensa;[55] b) ingressar com a destituição do poder familiar para garantir a colocação da criança em família substituta, de preferência na modalidade de adoção.

Porém, saber o momento exato para buscar uma ou outra solução para o caso é o problema que se apresenta. A Lei n. 12.010/09 apresentou alguns parâmetros que se mostram pertinentes para o caso. Diz o artigo 101, §§ 9º e 10:

> § 9º Em sendo constatada a impossibilidade de reintegração da criança ou do adolescente à família de origem, após seu encaminhamento a programas oficiais ou comunitários de orientação, apoio e promoção social, será enviado relatório fundamentado ao Ministério Público, no qual conste a descrição pormenorizada das providências tomadas e a expressa recomendação, subscrita pelos técnicos da entidade ou responsáveis pela execução da política municipal de garantia do direito à convivência familiar, para a destituição do poder familiar, ou destituição de tutela ou guarda.
>
> § 10. Recebido o relatório, o Ministério Público terá o prazo de 30 (trinta) dias para o ingresso com a ação de destituição do poder familiar, salvo se entender necessária a realização de estudos complementares ou outras providências que entender indispensáveis ao ajuizamento da demanda.

---

55. Assim entendida como aquela que se estende para além da unidade pais e filhos ou da unidade do casal, formada por parentes próximos com os quais a criança ou adolescente convive e mantém vínculos de afinidade e afetividade (ECA, art. 25, parágrafo único).

Estabelece ainda a nova legislação, quanto a essa questão, a seguinte obrigação do Conselho Tutelar:

> Art. 136. [...] XI — representar ao Ministério Público para efeito das ações de perda ou suspensão do poder familiar, após esgotadas as possibilidades de manutenção da criança ou do adolescente junto à família natural.

Não obstante a alteração legislativa, verifica-se que ainda persiste a dúvida em saber qual o momento ideal ou propício para ingressar com a ação de destituição do poder familiar, ou seja, quando se constata a impossibilidade de manutenção da criança ou do adolescente na família de origem para justificar a medida judicial. Para a resposta a tal questão, vale registrar a situação precedente à destituição do poder familiar e que consiste na inclusão da criança no programa de acolhimento institucional ou familiar.

A colocação de criança ou adolescente em entidade de acolhimento institucional apresenta-se, no Estatuto da Criança e do Adolescente, como medida de proteção (art. 101,VII) e deve ocorrer quando se verificar uma situação de risco social ou pessoal, definida na lei, em razão de: a) ação ou omissão da sociedade ou do Estado; b) por falta, omissão ou abuso dos pais ou responsável; e c) em razão da conduta da criança ou do adolescente.

Centrando a análise no acolhimento institucional da criança e do adolescente, especificamente em relação aos pais (ECA, art. 98, b), constata-se essa ocorrência em face de três situações definidas: *falta dos pais*, que se caracteriza pela ausência física deles, como, por exemplo, em razão de falecimento ou de desaparecimento, sendo que, nesse caso, não exercem a guarda do filho; em razão da *omissão* dos pais, que se traduz em negligência e, também, na falta de recursos pessoais ou materiais para manter o filho sob a guarda; por fim, quando os pais *abusam* dos atributos inerentes ao poder familiar, manifestando-se na forma de violência física, psicológica ou sexual.[56]

---

56. Atualmente, define-se esse abuso físico, psicológico ou sexual como violência doméstica, que engloba maus-tratos.

Extraem-se desses fundamentos do acolhimento institucional em relação aos pais, causas de natureza social e pessoal. As de *natureza social,* como a omissão em face da ausência de recursos, são sanáveis por meio de políticas públicas voltadas para a criança, adolescente e a família, como, por exemplo, programas como renda mínima, bolsa-escola ou aqueles voltados à orientação familiar (programa de proteção à família, apoio psicológico e psicoterápico). Muitas dessas ações estão previstas no Estatuto da Criança e do Adolescente, quando aborda as medidas pertinentes aos pais (art. 129). Com uma política pública efetiva, muitas crianças ou adolescentes podem ser desabrigados das instituições, voltando ao convívio familiar.

Agora com relação às causas de abrigamento de *natureza pessoal,* assim designadas aquelas referentes aos pais que praticam violência física, psicológica ou sexual, o problema é mais sério, pois não se resolve apenas com políticas públicas. Estas podem ajudar a enfrentar a questão, como o tratamento psicológico dos pais que praticam esse tipo de violência com os filhos. Porém, em determinadas situações, o retorno da criança ou do adolescente à casa do agressor apresenta-se inviável, em razão do risco da revitimização, havendo a necessidade de uma outra solução para o caso, que envolve a sua colocação em família substituta.

Do exposto, conclui-se que a solução para a questão da criança ou do adolescente em acolhimento institucional ou familiar está assentada em ações do Poder Executivo referentes às políticas públicas, quando as causas do abrigamento decorram de ações de natureza social, bem como de ações do Poder Judiciário, quanto à definição da situação da criança ou do adolescente acolhido, para viabilizar a sua colocação em família substituta, ou seja, uma definição em relação à destituição do poder familiar, quando as causas que justificaram o acolhimento forem de natureza pessoal. Essas ações passam pelo Ministério Público, que se apresenta como instituição legitimada para acionar o Executivo, quanto à consecução das políticas públicas, e o Poder Judiciário, nas ações referentes à colocação em família substituta.

Especificamente em relação à destituição do poder familiar, quando o promotor de justiça se depara com a situação que envolve a institucionalização da criança ou do adolescente, em face de fatores sociais e pessoais, relacionados aos genitores, deve buscar uma solução que melhor atenda aos interesses dos abrigados, qual seja, uma definição de sua situação, para viabilizar o retorno da criança ao convívio familiar (se for o caso) ou a sua colocação em família substituta.

Em relação às causas sociais, a destituição do poder familiar não se apresenta como a primeira alternativa a ser tomada pelo promotor de justiça, que deve engendrar ações junto ao Poder Público para garantir maior assistência aos pais, dotando-os de condições para receber, novamente, o filho acolhido institucionalmente. Essas ações também podem direcionar-se ao Poder Judiciário, em especial à Vara da Infância e da Juventude, para aplicar as medidas previstas no artigo 129 do ECA. Tais ações devem garantir, aos pais, o dever de sustento, guarda e educação dos filhos, além do cumprimento das determinações judiciais (ECA, art. 22).

Porém, quanto às causas de natureza pessoal, em que o retorno da criança à família de origem é mais difícil, faz-se mister o desenvolvimento de ações para a sua colocação em família substituta, de preferência na modalidade de adoção. Nesse caso, a ação de destituição do poder familiar apresenta-se como alternativa válida para a garantia da convivência familiar da criança institucionalizada. Essa medida é indispensável porque a outra alternativa que se apresenta, ou seja, a de deixar a criança ou o adolescente na entidade, não se mostra adequada em razão das consequências advindas da institucionalização prolongada como a "perda da individualidade, carência de estímulo para o desenvolvimento, ausência de vínculos afetivos duradouros; falta das figuras paternas e maternas na formação psicológica" etc. (Carvalho, Parecer n. 193/04-J).

Tanto na hipótese de causa social como na de natureza pessoal, o momento adequado para ingressar-se com ação de destituição do poder familiar resulta do confronto de dois direitos básicos: a) a dos pais em ter os filhos em sua guarda e companhia e b) o direito dos filhos à convivência familiar em ambiente adequado (art. 29 do ECA). Este último direito deve prevalecer em relação aos pais, posto que lhe foi garantida a prioridade absoluta. Desta forma, não há prazo certo e determinado na lei para ingressar-se com ação judicial de destituição do poder familiar. Observa-se que a Lei n. 12.010/09 estabeleceu alguns prazos em relação à destituição do poder familiar, mas não deixou claro o prazo da impossibilidade de manutenção da criança ou do adolescente na família de origem para justificar a medida judicial de destituição do poder familiar.[57]

Até quando se deve insistir em acompanhamentos com a família de origem para o retorno da criança institucionalizada? A lei não esclarece tal situação, afirmando que a institucionalização deve ser efetivada até o máximo de 2 anos. Seria este o prazo para se trabalhar com as famílias visando o retorno da criança? Trata-se, na verdade, de um parâmetro a ser seguido, mas não uma regra absoluta, posto que, nas causas de natureza social, deve-se dar oportunidade aos pais para se reorganizarem no sentido de restabelecer a guarda do filho acolhido institucionalmente. No entanto, esta oportunidade não pode alongar-se indefinidamente, para não prejudicar os vínculos afetivos com o filho institucionalizado. É conveniente estabelecer um prazo certo (*v.g.* 6 meses) para um acompanhamento efetivo com os genitores, no sentido de verificar uma mudança no estilo de vida a fim de garantir o retorno do filho. Esgotado o prazo, ingressar-se-ia com a medida judicial.

Em relação às causas de natureza pessoal, a propositura da ação de destituição do poder familiar apresenta-se de maneira mais simples, posto que, dependendo da violência praticada pelos genitores, o ingresso na esfera judicial não deve aguardar nenhuma outra providência ou prazo previamente estipulado. Uma criança vítima de violência sexual por parte dos pais, via de regra, não deve retornar ao seu convívio. A destituição do poder familiar é de rigor.

Vale registrar, a respeito do tema, as seguintes considerações:

a) A destituição do poder familiar independe da prévia colocação da criança ou do adolescente em família substituta. Pode-se in-

---

57. O ECA, alterado pela Lei n. 12.010/09 fixou o prazo de 2 anos de permanência da criança e do adolescente em programa de acolhimento institucional — art. 19. § 2º; 30 dias para o Ministério Público ingressar com a ação judicial de destituição do poder familiar — art. 101, § 10; 120 dias para o término do processo de destituição do poder familiar — art. 163.

gressar com a referida ação e, após definida a situação da criança ou do adolescente, colocá-lo sob guarda, tutela ou adoção, mesmo porque, nas duas últimas modalidades, há necessidade da prévia decretação da perda (e no caso da tutela, pode ocorrer a suspensão) do poder familiar. Por outro lado, a destituição do poder familiar facilita a colocação da criança em adoção.

b) A destituição do poder familiar não impede que os pais destituídos, no futuro, venham a requerer a restituição do poder familiar, uma vez cessado o problema que deu causa à ação e desde que a criança não esteja sob adoção. Quanto a esta questão, vale registrar que "nem toda forma de perda do pátrio poder acarreta sua extinção. Somente aquelas definitivas, com, *v.g.*, decorrentes do casamento, da morte, da colação de grau ou da adoção. Daí decorre a conclusão de que a extinção sequer exige declaração judicial, operando-se no momento em que incide a causa" (*JTJ* 233/105). Assim, nas hipóteses em que a destituição do poder familiar configura apenas cessação do direito, pode ocorrer a sua retomada.[58]

c) O direito dos pais em ter os filhos em sua guarda e companhia não é absoluto e resulta do correto exercício do poder familiar.

d) A condição econômica dos pais não pode ser o fator determinante da perda ou suspensão do poder familiar (ECA, art. 23).

O poder familiar tem natureza nitidamente protetora, visando assegurar o pleno e normal desenvolvimento do filho menor. Os pais devem obedecer ao princípio da paternidade responsável, com o objetivo de garantir o efetivo desenvolvimento da prole (CF, art. 226, § 7º). Essa paternidade responsável implica o cumprimento das obrigações estabelecidas no artigo 229 da Constituição Federal, ou seja, o direito de assistir, criar e educar os filhos. Segundo esclarece Sêda (1993, p. 30):

---

58. A respeito do assunto, vale conferir o ensinamento de Roberto João Elias no livro *Pátrio poder: guarda dos filhos e direito de visitas*. São Paulo: Saraiva, 199, p. 101-104 e de José Luiz Mônaco no artigo Ação de restituição do pátrio poder. Disponível em: <www.mp.sp.gov.br>. Centro de Apoio da Infância e da Juventude.

> Assistir é promover as condições materiais para a proteção dos filhos: dar segurança, alimentação, vestuário, higiene, convivência etc. Criar é promover as adequadas condições biológicas, psicológicas e sociais que garantam o peculiar desenvolvimento que caracteriza a criança e o adolescente. Educar é desenvolver hábitos, usos, costumes tais que integrem os filhos na cultura de sua comunidade, através de padrões éticos aptos para o exercício da cidadania.

Caso não cumpram com tal papel, sofrerão as medidas legais, com a perda ou suspensão do poder familiar inclusive, posto que é garantido à criança e ao adolescente, com absoluta prioridade, o direito à convivência familiar em ambiente adequado, não podendo ficar institucionalizados em entidades ou vinculados a programas de acolhimento familiar.

Na defesa de tal direito apresenta-se o promotor de justiça com especial destaque, já que a lei lhe conferiu legitimidade para agir na defesa dos direitos das crianças e dos adolescentes. A propositura da ação judicial de destituição do poder familiar é uma das medidas cabíveis para garantir tal direito.

15. Acolhimento institucional e acolhimento familiar

15.1 Antecedentes históricos

Antes da edição da Lei n. 12.010/09, que detalhou no Estatuto da Criança e do Adolescente a questão do acolhimento institucional e acolhimento familiar, o tema já havia sido objeto de estudos com o estabelecimento de regras técnicas. O próprio Estatuto da Criança e do Adolescente normatizou a questão do abrigo (acolhimento institucional) no capítulo das medidas de proteção, colocando-o como medida excepcional e provisória. Tal posicionamento foi um marco significativo, posto que a história da infância brasileira colocava o abrigamento como regra frente às condições de pobreza, vulnerabilidade ou risco da criança ou do adolescente.

A partir dessa normatividade, seguiram-se edições de regras específicas,[59] sendo que merecem destaque as *Orientações técnicas* para o serviço de acolhimento para crianças e adolescentes, editadas pelo Conselho Nacional dos Direitos da Criança e do Adolescente (Conanda) e pelo Conselho Nacional de Assistência Social (CNAS), em fevereiro de 2008, que traçaram princípios, orientações metodológicas e parâmetros de funcionamento para as diversas modalidades de serviço de acolhimento, em especial do abrigo institucional e famílias acolhedoras.

Posteriormente, em junho de 2009, ocorreu a publicação das novas orientações técnicas para o serviço de acolhimento para crianças e adolescentes, que vem a ser a versão final das orientações apresentadas em fevereiro de 2008 pelo Conanda e CNAS, após ampla discussão e consulta pública. Tratava-se de uma ação prevista no Plano Nacional de Promoção, Proteção e Defesa do Direito de crianças e adolescentes à convivência familiar e comunitária.

Esses serviços de acolhimento de crianças e adolescentes integram os de alta complexidade do sistema único de assistência social e apresentam-se relevantes, posto que de certa forma minimizam ou procuram diminuir o impacto do abandono ou o afastamento do convívio familiar. No entanto, esta circunstância somente se verificará se tais serviços apresentarem condições de reparar ou recuperar as experiências negativas vivenciadas pela criança ou pelo adolescente. Desta forma, tais programas apresentam-se relevantes dentro da sistemática da infância e da juventude, e a sua sistematização mostra-se pertinente para a unificação de procedimentos.

Como tais programas foram publicados antes da edição da Lei n. 12.010/09, ocorreu uma divergência terminológica, posto que os mesmos se referem a *abrigo institucional e serviço de acolhimento em famílias acolhedoras* em vez da terminologia apropriada pelo ECA de *acolhimento institucional* e *acolhimento familiar*. No entanto, essa alteração de designação não implica alteração de conteúdo, pois os programas se equivalem.

---

59. É certo que outros estudos foram realizados a respeito do tema por órgãos do governo e conselhos nacionais. Mas, de forma específica, os dois regramentos a seguir citados sintetizam a questão.

15.2 Conceito

Pode-se definir o *acolhimento institucional* como uma medida de proteção prevista no ECA (art. 101, VII), de caráter excepcional e provisória, desenvolvida por organização governamental ou não governamental, que acolhe crianças ou adolescentes afastados do convívio familiar em face da impossibilidade do cumprimento das obrigações decorrentes do poder familiar, visando posterior retorno à família de origem ou a colocação em família extensa ou substituta.

O programa de *acolhimento familiar*, introduzido pela Lei n. 12.010/09, como medida de proteção no ECA (art. 101, VIII), também tem o caráter excepcional e provisório do acolhimento institucional e visa receber crianças ou adolescentes afastados do convívio familiar, em face da impossibilidade do cumprimento das obrigações decorrentes do poder familiar, visando posterior retorno à família de origem ou a colocação em família extensa ou substituta. A diferença do acolhimento familiar do institucional decorre da maneira de como é executada a medida. No acolhimento institucional é uma instituição (governamental ou não) enquanto o acolhimento familiar é um programa de uma instituição que envolve famílias previamente preparadas e cadastradas, sendo desenvolvido em suas residências (ECA, art. 34, § 2º) e tem preferência sobre o acolhimento institucional (ECA, art. 50, § 11). O atendimento é oferecido no ambiente familiar, propiciando a convivência familiar e comunitária da criança ou do adolescente acolhido. Conforme consignado nas *Orientações técnicas* do serviço de acolhimento para criança e adolescente (2009, p. 76), trata-se de "uma modalidade de acolhimento diferenciada, que não se enquadra no conceito de abrigo em entidade, nem no de colocação em família substituta, no sentido estrito" (Brasil, 2009, p. 76).

15.3 Princípios

No artigo 100, parágrafo único, do ECA, foram introduzidos pela Lei n. 12.010/09 vários princípios a serem observados em relação à aplicação das medidas de proteção e que tem relação direta com as medidas de acolhimento institucional e familiar. Estes princípios são os seguintes: condição da criança e do adolescente como sujeito de direitos, proteção integral e prioritária, interesse superior da criança e do adolescente, privacidade, intervenção precoce, intervenção mínima, proporcionalidade e atualidade, responsabilidade parental, prevalência da família, obrigatoriedade da informação e oitiva obrigatória e participação.

A par desses princípios, o legislador menorista arrolou no artigo 92 alguns princípios específicos a serem observados nas medidas de acolhimento familiar e institucional, que são:

> I — preservação dos vínculos familiares e promoção da reintegração familiar;
> II — integração em família substituta, quando esgotados os recursos de manutenção na família natural ou extensa;
> III — atendimento personalizado e em pequenos grupos;
> IV — desenvolvimento de atividades em regime de coeducação;
> V — não desmembramento de grupos de irmãos;
> VI — evitar, sempre que possível, a transferência para outras entidades de crianças e adolescentes abrigados;
> VII — participação na vida da comunidade local;
> VIII — preparação gradativa para o desligamento;
> IX — participação de pessoas da comunidade no processo educativo.

Conforme consignado nas *Orientações técnicas* do serviço de acolhimento para criança e adolescente (2009, p. 18-23), tais princípios podem ser assim sistematizados:

a) Excepcionalidade do afastamento do convívio familiar

A regra é que a criança ou o adolescente seja criado e educado no seio de sua família (nuclear ou extensa — ampliada). O afastamento do convívio familiar é uma exceção que acarreta consequências à criança e ao adolescente. Assim, a colocação em acolhimento institucional ou familiar somente deve ocorrer quando *representar o melhor interesse da criança ou do adolescente e o menor prejuízo ao seu processo de desenvolvimento.* O fortalecimento da família, através de políticas públicas específicas e direcionadas, é a primeira alternativa a ser trilhada. A situação de pobreza ou a presença de doença mental ou deficiência na família, por si só, não justifica o afastamento da criança ou do adolescente.

b) Provisoriedade do afastamento do convívio familiar

Por ser excepcional, o afastamento não deve ser duradouro, ou seja, ele é marcado pela provisoriedade. Não é por outra razão que o art. 19, §§ 1º e 2º, do ECA estabelecem que a criança ou o adolescente inserido em tais programas de acolhimento, devem ser reavaliados, no máximo, em 06 meses e que a permanência no programa não pode se prolongar por mais de 2 anos. Todos os esforços devem ser direcionados para se garantir o retorno da criança ou do adolescente ao convívio familiar. Vale consignar que

> em nenhuma hipótese a perspectiva de um acolhimento de longa permanência deve acarretar a desistência pela busca de alternativas para se garantir à criança e ao adolescente seu direito ao convívio familiar, prioritariamente com a família de origem e, excepcionalmente, a substituta (Brasil, 2009, p. 20).

c) Preservação e fortalecimento dos vínculos familiares e comunitários

Acolhimento institucional ou familiar não é sinônimo de isolamento ou recolhimento da criança ou do adolescente. Em face desta situação, a visita dos pais, responsáveis e familiares apresenta-se de forma relevante para a manutenção dos vínculos afetivos, fundamentais para o desenvolvimento do acolhido. Ademais, quando ocorrer o acolhimento de grupos de irmãos, como regra, os mesmos não devem ser separados.

d) Oferta de atendimento personalizado e individualizado

O fato de a criança ou do adolescente estar em um acolhimento institucional ou familiar não significa que o mesmo deva perder a sua individualidade, identidade e história de vida. O trabalho a ser desenvolvido nesses programas implica o planejamento do atendimento, de modo a "preservar a intimidade e a privacidade, inclusive, o uso de objetos que possibilitem à criança e ao adolescente diferenciar *o meu, o seu e o nosso*" (Brasil, 2009, p. 21). Esta situação tende a facilitar o desenvolvimento da criança ou do adolescente, razão pela qual se preza trabalho em pequenos grupos e em espaços privados.

e) Respeito à autonomia da criança e do adolescente

O ECA sempre respeitou a vontade da criança e do adolescente, garantindo a sua manifestação. Têm elas direitos à liberdade, respeito e dignidade (arts. 15 a 18). Esses direitos permanecem e não comportam exceções, mesmo quando estas crianças e adolescentes são colocados em programas de acolhimento institucional ou familiar. Assim, na execução desses programas, deve-se respeitar a opinião do acolhido e fortalecer o processo de autonomia, de acordo com o seu desenvolvimento. Este processo de autonomia "não deve ser confundido, todavia, com falta de autoridade e limites. A liberdade deve ser vista como parceira da responsabilidade, considerando que uma não pode ser adquirida sem a outra" (Brasil, 2009, p. 22).

15.4 Características

Em face do que foi relatado, podem ser apontados as seguintes características para essas medidas de proteção:

Acolhimento institucional

- Atende a crianças e adolescentes de 0 a 18 anos.
- Como preferência, não se deve limitar a idade de atendimento nem a exclusividade de determinado sexo ou deficiência, de forma a segregar o acolhido.
- Deve ocorrer a avaliação do acolhido a cada seis meses com o envio de relatório circunstanciado ao juiz da Infância e da Juventude.
- O dirigente de entidade que desenvolve programa de acolhimento institucional é equiparado ao guardião, para todos os efeitos de direito.

- Necessidade de estimular o contato da criança ou adolescente com seus pais e parentes, salvo determinação em contrário.
- As entidades não governamentais poderão receber recursos públicos.
- As entidades que mantenham programa de acolhimento institucional poderão, em caráter excepcional e de urgência, acolher crianças e adolescentes sem prévia determinação da autoridade competente, fazendo comunicação do fato em até 24 horas ao juiz da Infância e da Juventude, sob pena de responsabilidade.
- A entidade responsável pelo programa de acolhimento institucional elaborará um plano individual de atendimento do acolhido.
- O acolhimento institucional ocorrerá no local mais próximo à residência dos pais ou do responsável e, como parte do processo de reintegração familiar.
- Verificada a possibilidade de reintegração familiar, o responsável pelo programa de acolhimento institucional fará imediata comunicação à autoridade judiciária.

Acolhimento familiar

- Constitui-se num programa.
- Tem preferência sobre o acolhimento institucional.
- Pode atender crianças e adolescentes de 0 a 18 anos.
- Há necessidade do cadastro das famílias acolhedoras, que deverão ser devidamente preparadas para o desenvolvimento da medida protetiva.
- Deve se constituir em uma forma de transição para a reintegração familiar ou colocação em família substituta.
- No acolhimento familiar, a pessoa recebe a criança mediante termo de guarda.
- Necessidade de estimular o contato da criança ou adolescente com seus pais e parentes, salvo determinação em contrário.
- As entidades não governamentais poderão receber recursos públicos.

- As famílias que integram o programa de acolhimento familiar não podem receber crianças ou adolescentes sem expressa determinação judicial. A colocação de criança ou adolescente sob a guarda de pessoa inscrita em programa de acolhimento familiar será comunicada pela autoridade judiciária à entidade por este responsável no prazo máximo de cinco dias.
- A entidade responsável pelo programa de acolhimento familiar elaborará um plano individual de atendimento do acolhido.
- O acolhimento familiar ocorrerá no local mais próximo à residência dos pais ou do responsável e, como parte do processo de reintegração familiar.
- Verificada a possibilidade de reintegração familiar, o responsável pelo programa de acolhimento familiar fará imediata comunicação à autoridade judiciária.
- Deve ser dada preferência a este programa às crianças de pouca idade que vivenciaram situações de violação de direitos.
- A família cadastrada no programa deve acolher, de preferência, apenas uma criança ou adolescente, exceto quando se tratar de grupo de irmãos.
- As famílias que compõem o cadastro do programa devem ser selecionadas, avaliadas, capacitadas e acompanhadas e poderão receber ajuda governamental.

Além dessas características, verifica-se que tanto no acolhimento institucional como familiar deve ocorrer a observância das seguintes diretrizes em relação ao acolhido:

- Observar os direitos e garantias de que são titulares os adolescentes.
- Não restringir nenhum direito que não tenha sido objeto de restrição na decisão de internação.
- Oferecer atendimento personalizado.
- Preservar a identidade e oferecer ambiente de respeito e dignidade à criança e ao adolescente.

- Diligenciar no sentido do restabelecimento e da preservação dos vínculos familiares.
- Oferecer instalações físicas em condições adequadas de habitabilidade, higiene, salubridade, segurança e os objetos necessários à higiene pessoal.
- Oferecer vestuário e alimentação suficientes e adequados à faixa etária dos adolescentes atendidos.
- Oferecer cuidados médicos, psicológicos, odontológicos e farmacêuticos.
- Propiciar escolarização e profissionalização.
- Propiciar atividades culturais, esportivas e de lazer.
- Propiciar assistência religiosa àqueles que desejarem, de acordo com suas crenças.
- Comunicar às autoridades competentes todos os casos de criança ou adolescentes portadores de moléstias infectocontagiosas.
- Providenciar os documentos necessários ao exercício da cidadania àqueles que não os tiverem.
- Manter arquivo de anotações onde constem data e circunstâncias do atendimento, nome da criança e do adolescente, seus pais ou responsável, parentes, endereços, sexo, idade, acompanhamento da sua formação e demais dados que possibilitem sua identificação e a individualização do atendimento.

Essas características devem ser respeitadas para que o programa atinja seu objetivo, principalmente no que diz respeito às condições necessárias para o restabelecimento do convívio familiar, com uma consequência mínima, para a criança ou adolescente, da separação ocorrida.

15.5 Guia de acolhimento e plano individual de atendimento

Quando uma criança é encaminhada para uma instituição que desenvolve programas de acolhimento institucional ou familiar, a sua trajetória de vida não deve ser reiniciada, como se tudo o que ela passou não tivesse nenhuma representação ou significado. Esta situação implica a organização das informações de cada criança ou adolescente acolhido, com todos os dados disponíveis a respeito de seu histórico de vida, do motivo do acolhimento, de seu desenvolvimento, de suas condições de saúde e da vivência escolar, entre outros dados.

A instituição deve manter os registros individualizados e atualizados de cada criança ou adolescente acolhido, com a rotina de atividades, desenvolvimentos obtidos, dificuldades apresentadas, necessidades emergenciais e intercorrências apresentadas. Todo esse registro tem por finalidade direcionar as ações da instituição com o objetivo de propiciar a reintegração familiar do acolhido ou sua colocação em família substituta.

Mas para que tudo isso ocorra, o Estatuto da Criança e do Adolescente tratou de criar um novo instrumental que representará o marco inicial dos registros a serem realizados pela instituição (art. 101, § 3º). Trata-se da Guia de Acolhimento, que é um documento obrigatório a ser expedido pela autoridade judiciária e endereçado à instituição, no qual deve constar obrigatoriamente:

> I — sua identificação e a qualificação completa de seus pais ou de seu responsável, se conhecidos;
> II — o endereço de residência dos pais ou do responsável, com pontos de referência;
> III — os nomes de parentes ou de terceiros interessados em tê-los sob sua guarda;
> IV — os motivos da retirada ou da não reintegração ao convívio familiar.

Uma vez recebido a Guia de Acolhimento, a instituição que realiza o programa de acolhimento institucional ou de acolhimento familiar, através da equipe técnica, deverá elaborar um plano individual de atendimento do acolhido (ECA, art. 101, § 6º). Neste plano deve constar, obrigatoriamente:

> I — os resultados da avaliação interdisciplinar;
> II — os compromissos assumidos pelos pais ou responsável; e

III — a previsão das atividades a serem desenvolvidas com a criança ou com o adolescente acolhido e seus pais ou responsável, com vista na reintegração familiar ou, caso seja esta vedada por expressa e fundamentada determinação judicial, as providências a serem tomadas para sua colocação em família substituta, sob direta supervisão da autoridade judiciária.

Visando dar efetividade aos princípios estabelecidos pelo ECA, quando da elaboração deste plano individual de atendimento, a criança, ou o adolescente, deve ser previamente ouvida e suas opiniões e declarações consideradas. Como o próprio nome designa, trata-se de um plano individual, com características próprias para cada acolhido, com uma identidade própria.

Estes registros — guia de acolhimento e plano individual de atendimento — deverão ser mantidos em sigilo, com a possibilidade de acesso aos técnicos responsáveis pelos programas ou outro profissional devidamente autorizado, o que implica uma política de confidencialidade. Ademais, tais registros servirão de subsídios para a elaboração de relatório técnico a ser encaminhado ao Poder Judiciário e que instruirão os procedimentos em andamento, que também guardam sigilo em face da natureza das informações contidas.

Neste plano individual de atendimento também deverão ser registradas todas as informações relativas ao trabalho desenvolvido pelo programa, especificamente no que diz respeito àquelas que visam a reintegração familiar, caso não tenha sido vedada pela autoridade judiciária. As visitas realizadas pelo grupo familiar ou a sua participação em atividades desenvolvidas pelo programa deverão ser objeto de registro, com anotações a respeito das consequências para a criança ou o adolescente acolhido.

O plano individual deve ser flexível no sentido de ser alterado sempre que necessário e quando a situação requer, visando o pleno desenvolvimento do acolhido e sua reintegração familiar.

Todo registro lançado no plano individual de atendimento poderá ser utilizado quando da elaboração dos relatórios técnicos a ser encaminhados ao Poder Judiciário e principalmente quando direcionados ao

Ministério Público para a fundamentação da ação de destituição do poder familiar ou destituição de tutela ou guarda. Aliás, o ECA, no artigo 101, § 9º, determina que deverá constar do relatório "descrição pormenorizada das providencias tomadas" e a expressa recomendação para a destituição do poder familiar. Observa-se que essa descrição pormenorizada deve ser extraída do plano individual de atendimento, que, por consequência, deve registrar todos os atendimentos, encaminhamentos e intercorrências do caso.

15.6 Cadastro de crianças em acolhimento institucional ou familiar

Foi introduzido no ECA um novo cadastro que se refere às crianças e aos adolescentes acolhidos em instituições ou em regime familiar. Conforme estabelece o artigo 101, § 11, este cadastro é de responsabilidade da autoridade judiciária, sendo que cada comarca ou foro regional deverá ter o seu cadastro.

Este cadastro deverá conter:

- Informações atualizadas da criança e adolescente em regime de acolhimento familiar ou institucional. Tais informações são de caráter pessoal ou familiar, bem como de seu desenvolvimento ou comportamento no programa, entre outras.
- Informações sobre a situação jurídica da criança ou do adolescente. Neste caso, tais informações referem-se à questão legal, ou seja, o motivo da colocação no programa, as medidas tomadas visando a sua reintegração familiar e comunitária etc.

O cadastro estará disponível para acesso ao Ministério Público, Conselho Tutelar, órgão gestor da Assistência Social, Conselhos Municipais dos Direitos da Criança e do Adolescente, bem como os Conselhos de Assistência Social e possibilitará a sistematização de dados a respeito do acolhimento, que permitirá a deliberação a respeito de políticas públicas que venham a enfrentar este tema, visando a redução dos casos de acolhimento ou a diminuição do período de permanência do acolhido no programa.

O cadastro se apresenta como uma forma de possibilitar o controle da situação do acolhido, razão pela qual deve ser atualizado com frequência e sempre que ocorrer uma situação extraordinária que tenha reflexos para a criança ou o adolescente.

A Lei n. 12.010/09 também acarretou mudança significativa no ECA no que diz respeito à responsabilização da autoridade judiciária quanto à omissão na instalação e operacionalização desse cadastro. Criou uma infração administrativa prevista no artigo 258-A, que diz:

> Art. 258-A. Deixar a autoridade competente de providenciar a instalação e operacionalização dos cadastros previstos no art. 50 e no § 11 do art. 101 desta Lei.
>
> Pena — multa de R$ 1.000,00 (mil reais) a R$ 3.000,00 (três mil reais).
>
> Parágrafo único. Incorre nas mesmas penas a autoridade que deixa de efetuar o cadastramento de crianças e de adolescentes em condições de serem adotadas, de pessoas ou casais habilitados à adoção e de crianças e adolescentes em regime de acolhimento institucional ou familiar.

Na verdade, quando o tema é acolhimento de crianças e adolescentes, o legislador procurou impor responsabilidades a todos aqueles envolvidos diretamente com o assunto, fixando prazo máximo para a permanência do acolhido no programa; necessidade de avaliação periódica, plano de metas visando à reinserção do acolhido na família natural ou substituta, prazos para o ingresso e definição de sua situação quanto à destituição do poder familiar e o registro em forma de cadastro de sua situação. Estas medidas são direcionadas ao programa de acolhimento, ao Ministério Público e ao Poder Judiciário e tem como objetivo buscar uma solução rápida e efetiva para o acolhido.

16. Considerações finais

Verifica-se que a Lei n. 12.010/09, impropriamente denominada de Lei de Adoção, na verdade proporcionou uma significativa alteração no

Estatuto da Criança e do Adolescente que não se limitou apenas às questões relativas à adoção propriamente dita.

Representou uma lei adequada quando tratou de restabelecer o Estatuto da Criança e do Adolescente como único referencial legal relativo às questões envolvendo a adoção, isto porque, com a vigência do Código Civil de 2002, o instituto da adoção passou também a ser tratado pelo mesmo, gerando certa confusão para os operadores do direito. Pode-se exemplificar tal situação quando se tratava da adoção por estrangeiro, que o Código Civil não regulamentou e remetia a sua análise ao Estatuto, omitindo dados importantes em face das alterações realizadas, como a questão da idade mínima para o adotante estrangeiro. Agora não mais subsiste nenhuma dúvida a respeito, posto que o Estatuto da Criança e do Adolescente passou a regulamentar toda a matéria. Também se mostrou relevante quando busca dar uma definição para as crianças e adolescentes que estão em acolhimento institucional ou familiar. Porém, ao estabelecer um prazo-limite de dois anos para a permanência da criança ou do adolescente, deixou de tratar daquelas situações que extrapolam tal prazo por absoluta impossibilidade de recolocação do acolhido em famílias substitutas, não apontando um caminho legal para a definição, como, por exemplo, as repúblicas previstas nas orientações técnicas dos serviços de acolhimento para criança e adolescente elaboradas pelo Conanda e CNAS. Outro aspecto relevante foi o de assegurar ao adotado o direito de conhecer sua origem biológica e de ter acesso ao processo de adoção (ECA, art. 48) e a preferência de assegurar a colocação da criança em acolhimento familiar em vez do institucional (ECA, art. 34, § 1º).

Porém, deixou a desejar no momento em que procurou apontar o instituto da adoção como o mais significativo e importante de todas as situações envolvendo criança e adolescente. Exemplo claro desta hipótese encontra-se na atual redação do artigo 88 do ECA, que trata das diretrizes da política de atendimento, quando no inciso VI estabelece a integração operacional dos órgãos do Judiciário, Ministério Público, Defensoria, Conselho Tutelar e dos encarregados da execução das políticas sociais básicas e de assistência social para efeito de agilização do atendimento de crianças e adolescentes inseridos em programas de acolhimento familiar ou institucional. Essa integração operacional, na antiga redação, visava ao atendimento rápido e eficiente dos adolescentes envolvidos com a prática de ato infracional. Ora, todos esses temas implicam a agilização operacional do sistema de garantia de direitos, não podendo ser eleito um, conforme o momento legislativo.

Outra questão refere-se à definição imprecisa proporcionada pela nova lei. Ao definir família extensa, aponta para aquela que se estende para além da unidade pais e filhos ou da unidade do casal, formada por parentes próximos. O que vêm a ser parentes próximos? Uma madrinha ou padrinho, que não são parentes consanguíneos, mas que mantêm vínculos de afinidade e afetividade com a criança podem ser considerados parentes próximos por afinidade? Verifica-se que hipótese como essa deverá ser mais bem definida através da elaboração jurisprudencial a respeito.

Nas situações em que se estabeleceu a obediência ao cadastro dos adotantes (art. 50, § 13) verificou-se um passo importante do legislador em enfrentar o tema, posto que o mesmo se apresentava de forma tormentosa para todos aqueles que lidam com a questão. Contudo, deixou dúvidas e apresentou um princípio de "reserva legal" bastante questionável. Isto porque no inciso II estabeleceu a dispensa quando a adoção for formulada por parente com o qual a criança ou o adolescente mantenha vínculos de afinidade e afetividade. Esta hipótese é semelhante à questão da definição de família extensa ou ampliada. A "madrinha ou o padrinho" que não é parente consanguíneo pode ser dispensado do cadastro, se mantém com ele laços de afinidade ou afetividade? E na hipótese do inciso III restringiu o pedido a quem detém a guarda ou a tutela legal, o que não é regra, posto que inúmeras famílias cuidam de crianças e adolescentes por anos, sem que possuam um termo de guarda. Ademais, estabeleceu essa hipótese somente para crianças maiores de 3 anos ou adolescente. Ora, se no acolhimento institucional a definição da situação da criança não pode passar de dois anos, porque nesta hipótese, pode ocorrer após três anos?

Verifica-se, por meio de uma análise global, que as alterações advindas pela Lei n. 12.010/09 em muito incorporaram providências que já eram adotadas no âmbito da justiça da infância e da juventude, burocratizaram algumas ações (como, por exemplo, a forma como tratou da inscrição do candidato interessado na adoção) e adequaram terminologia (pátrio poder para poder familiar), sem que isso representasse um grande avanço a respeito do tema. Na verdade, será no dia a dia jurídico que a lei poderá demonstrar a sua utilidade dentro do microssistema do Estatuto da Criança e do Adolescente dotado de princípios específicos e regras que muitas vezes contrariam o próprio sentido das mudanças proporcionadas pela citada lei.

PARTE III

Quadro comparativo da nova Lei de Adoção e o Estatuto da Criança e do Adolescente

ESTATUTO DA CRIANÇA E DO ADOLESCENTE	LEI N. 1.2010/09 — NOVA LEI DA ADOÇÃO E AS ALTERAÇÕES NO ECA
	Art. 1º Esta Lei dispõe sobre o aperfeiçoamento da sistemática prevista para garantia do direito à convivência familiar a todas as crianças e adolescentes, na forma prevista pela Lei n. 8.069, de 13 de julho de 1990, Estatuto da Criança e do Adolescente. § 1º A intervenção estatal, em observância ao disposto no *caput* do art. 226 da Constituição Federal, será prioritariamente voltada à orientação, apoio e promoção social da família natural, junto à qual a criança e o adolescente devem permanecer, ressalvada absoluta impossibilidade, demonstrada por decisão judicial fundamentada. § 2º Na impossibilidade de permanência na família natural, a criança e o adolescente serão colocados sob adoção, tutela ou guarda, observadas as regras e princípios contidos na Lei n. 8.069, de 13 de julho de 1990, e na Constituição Federal.
Art. 8º É assegurado à gestante, através do Sistema Único de Saúde, o atendimento pré e perinatal. § 1º A gestante será encaminhada aos diferentes níveis de atendimento, segundo critérios médicos específicos, obedecendo-se aos princípios de regionalização e hierarquização do Sistema. § 2º A parturiente será atendida preferencialmente pelo mesmo médico que a acompanhou na fase pré-natal. § 3º Incumbe ao poder público propiciar apoio alimentar à gestante e à nutriz que dele necessitem Art. 13. Os casos de suspeita ou confirmação de maus-tratos contra criança ou adolescente serão obrigatoriamente comunicados ao Conselho Tutelar da respectiva localidade, sem prejuízo de outras providências legais.	Art. 8º .... § 4º Incumbe ao poder público proporcionar assistência psicológica à gestante e à mãe, no período pré e pós-natal, inclusive como forma de prevenir ou minorar as consequências do estado puerperal. § 5º A assistência referida no § 4º deste artigo deverá ser também prestada a gestantes ou mães que manifestem interesse em entregar seus filhos para adoção." (NR) Art. 13................................... Parágrafo único. As gestantes ou mães que manifestem interesse em entregar seus filhos para adoção serão obrigatoriamente encaminhadas à Justiça da Infância e da Juventude." (NR)
Art. 19. Toda criança ou adolescente tem direito a ser criado e educado no seio da sua família e, excepcionalmente, em família subs-	Art. 19................................... § 1º Toda criança ou adolescente que estiver inserido em programa de acolhimento familiar ou

<table>
<tr>
<td>tituta, assegurada a convivência familiar e comunitária, em ambiente livre da presença de pessoas dependentes de substâncias entorpecentes.</td>
<td>institucional terá sua situação reavaliada, no máximo, a cada 6 (seis) meses, devendo a autoridade judiciária competente, com base em relatório elaborado por equipe interprofissional ou multidisciplinar, decidir de forma fundamentada pela possibilidade de reintegração familiar ou colocação em família substituta, em quaisquer das modalidades previstas no art. 28 desta Lei.
§ 2º A permanência da criança e do adolescente em programa de acolhimento institucional não se prolongará por mais de 2 (dois) anos, salvo comprovada necessidade que atenda ao seu superior interesse, devidamente fundamentada pela autoridade judiciária.
§ 3º A manutenção ou reintegração de criança ou adolescente à sua família terá preferência em relação a qualquer outra providência, caso em que será esta incluída em programas de orientação e auxílio, nos termos do parágrafo único do art. 23, dos incisos I e IV do caput do art. 101 e dos incisos I a IV do caput do art. 129 desta Lei. (NR)</td>
</tr>
<tr>
<td>Art. 25. Entende-se por família natural a comunidade formada pelos pais ou qualquer deles e seus descendentes.</td>
<td>Art. 25. ....
Parágrafo único. Entende-se por família extensa ou ampliada aquela que se estende para além da unidade pais e filhos ou da unidade do casal, formada por parentes próximos com os quais a criança ou adolescente convive e mantém vínculos de afinidade e afetividade.</td>
</tr>
<tr>
<td>Art. 28. A colocação em família substituta far-se-á mediante guarda, tutela ou adoção, independentemente da situação jurídica da criança ou adolescente, nos termos desta Lei.
§ 1º Sempre que possível, a criança ou adolescente deverá ser previamente ouvido e a sua opinião devidamente considerada.
§ 2º Na apreciação do pedido levar-se-á em conta o grau de parentesco e a relação de afinidade ou de afetividade, a fim de evitar ou minorar as conseqüências decorrentes da medida.</td>
<td>Art. 28. ....
§ 1º Sempre que possível, a criança ou o adolescente será previamente ouvido por equipe interprofissional, respeitado seu estágio de desenvolvimento e grau de compreensão sobre as implicações da medida, e terá sua opinião devidamente considerada.
§ 2º Tratando-se de maior de 12 (doze) anos de idade, será necessário seu consentimento, colhido em audiência.
§ 3º Na apreciação do pedido levar-se-á em conta o grau de parentesco e a relação de afinidade ou de afetividade, a fim de evitar ou minorar as consequências decorrentes da medida.
§ 4º Os grupos de irmãos serão colocados sob adoção, tutela ou guarda da mesma família substituta, ressalvada a comprovada existência de risco de abuso ou outra situação que justifique plenamente a excepcionalidade de solução diversa,</td>
</tr>
</table>

	procurando-se, em qualquer caso, evitar o rompimento definitivo dos vínculos fraternais. § 5º A colocação da criança ou adolescente em família substituta será precedida de sua preparação gradativa e acompanhamento posterior, realizados pela equipe interprofissional a serviço da Justiça da Infância e da Juventude, preferencialmente com o apoio dos técnicos responsáveis pela execução da política municipal de garantia do direito à convivência familiar. § 6º Em se tratando de criança ou adolescente indígena ou proveniente de comunidade remanescente de quilombo, é ainda obrigatório: I — que sejam consideradas e respeitadas sua identidade social e cultural, os seus costumes e tradições, bem como suas instituições, desde que não sejam incompatíveis com os direitos fundamentais reconhecidos por esta Lei e pela Constituição Federal; II — que a colocação familiar ocorra prioritariamente no seio de sua comunidade ou junto a membros da mesma etnia; III — a intervenção e oitiva de representantes do órgão federal responsável pela política indigenista, no caso de crianças e adolescentes indígenas, e de antropólogos, perante a equipe interprofissional ou multidisciplinar que irá acompanhar o caso. (NR)
Art. 33. A guarda obriga a prestação de assistência material, moral e educacional à criança ou adolescente, conferindo a seu detentor o direito de opor-se a terceiros, inclusive aos pais. § 1º A guarda destina-se a regularizar a posse de fato, podendo ser deferida, liminar ou incidentalmente, nos procedimentos de tutela e adoção, exceto no de adoção por estrangeiros. § 2º Excepcionalmente, deferir-se-á a guarda, fora dos casos de tutela e adoção, para atender a situações peculiares ou suprir a falta eventual dos pais ou responsável, podendo ser deferido o direito de representação para a prática de atos determinados. § 3º A guarda confere à criança ou adolescente a condição de dependente, para todos os fins e efeitos de direito, inclusive previdenciários.	Art. 33. .... § 4º Salvo expressa e fundamentada determinação em contrário, da autoridade judiciária competente, ou quando a medida for aplicada em preparação para adoção, o deferimento da guarda de criança ou adolescente a terceiros não impede o exercício do direito de visitas pelos pais, assim como o dever de prestar alimentos, que serão objeto de regulamentação específica, a pedido do interessado ou do Ministério Público. (NR)

Art. 34. O poder público estimulará, através de assistência jurídica, incentivos fiscais e subsídios, o acolhimento, sob a forma de guarda, de criança ou adolescente órfão ou abandonado.	Art. 34. O poder público estimulará, por meio de assistência jurídica, incentivos fiscais e subsídios, o acolhimento, sob a forma de guarda, de criança ou adolescente afastado do convívio familiar. § 1º A inclusão da criança ou adolescente em programas de acolhimento familiar terá preferência a seu acolhimento institucional, observado, em qualquer caso, o caráter temporário e excepcional da medida, nos termos desta Lei. § 2º Na hipótese do § 1º deste artigo a pessoa ou casal cadastrado no programa de acolhimento familiar poderá receber a criança ou adolescente mediante guarda, observado o disposto nos arts. 28 a 33 desta Lei. (NR)
Art. 36. A tutela será deferida, nos termos da lei civil, a pessoa de até vinte e um anos incompletos. Parágrafo único. O deferimento da tutela pressupõe a prévia decretação da perda ou suspensão do pátrio poder e implica necessariamente o dever de guarda.	Art. 36. A tutela será deferida, nos termos da lei civil, a pessoa de até 18 (dezoito) anos incompletos.
Art. 37. A especialização de hipoteca legal será dispensada, sempre que o tutelado não possuir bens ou rendimentos ou por qualquer outro motivo relevante. Parágrafo único. A especialização de hipoteca legal será também dispensada se os bens, porventura existentes em nome do tutelado, constarem de instrumento público, devidamente registrado no registro de imóveis, ou se os rendimentos forem suficientes apenas para a mantença do tutelado, não havendo sobra significativa ou provável.	Art. 37. O tutor nomeado por testamento ou qualquer documento autêntico, conforme previsto no parágrafo único do art. 1.729 da Lei n. 10.406, de 10 de janeiro de 2002 — Código Civil, deverá, no prazo de 30 (trinta) dias após a abertura da sucessão, ingressar com pedido destinado ao controle judicial do ato, observando o procedimento previsto nos arts. 165 a 170 desta Lei. Parágrafo único. Na apreciação do pedido, serão observados os requisitos previstos nos arts. 28 e 29 desta Lei, somente sendo deferida a tutela à pessoa indicada na disposição de última vontade, se restar comprovado que a medida é vantajosa ao tutelando e que não existe outra pessoa em melhores condições de assumi-la. (NR)
Art. 39. A adoção de criança e de adolescente reger-se-á segundo o disposto nesta Lei. Parágrafo único. É vedada a adoção por procuração.	Art. 39. .... § 1º A adoção é medida excepcional e irrevogável, à qual se deve recorrer apenas quando esgotados os recursos de manutenção da criança ou adolescente na família natural ou extensa, na forma do parágrafo único do art. 25 desta Lei. § 2º É vedada a adoção por procuração. (NR)

Art. 42. Podem adotar os maiores de vinte e um anos, independentemente de estado civil. § 1º Não podem adotar os ascendentes e os irmãos do adotando. § 2º A adoção por ambos os cônjuges ou concubinos poderá ser formalizada, desde que um deles tenha completado vinte e um anos de idade, comprovada a estabilidade da família. § 3º O adotante há de ser, pelo menos, dezesseis anos mais velho do que o adotando. § 4º Os divorciados e os judicialmente separados poderão adotar conjuntamente, contanto que acordem sobre a guarda e o regime de visitas, e desde que o estágio de convivência tenha sido iniciado na constância da sociedade conjugal. § 5º A adoção poderá ser deferida ao adotante que, após inequívoca manifestação de vontade, vier a falecer no curso do procedimento, antes de prolatada a sentença.	Art. 42. Podem adotar os maiores de 18 (dezoito) anos, independentemente do estado civil. § 2º Para adoção conjunta, é indispensável que os adotantes sejam casados civilmente ou mantenham união estável, comprovada a estabilidade da família. § 4º Os divorciados, os judicialmente separados e os ex-companheiros podem adotar conjuntamente, contanto que acordem sobre a guarda e o regime de visitas e desde que o estágio de convivência tenha sido iniciado na constância do período de convivência e que seja comprovada a existência de vínculos de afinidade e afetividade com aquele não detentor da guarda, que justifiquem a excepcionalidade da concessão. § 5º Nos casos do § 4º deste artigo, desde que demonstrado efetivo benefício ao adotando, será assegurada a guarda compartilhada, conforme previsto no art. 1.584 da Lei n. 10.406, de 10 de janeiro de 2002 — Código Civil. § 6º A adoção poderá ser deferida ao adotante que, após inequívoca manifestação de vontade, vier a falecer no curso do procedimento, antes de prolatada a sentença.
Art. 46. A adoção será precedida de estágio de convivência com a criança ou adolescente, pelo prazo que a autoridade judiciária fixar, observadas as peculiaridades do caso.	Art. 46. . . . . § 1º O estágio de convivência poderá ser dispensado se o adotando já estiver sob a tutela ou guarda legal do adotante durante tempo suficiente para que seja possível avaliar a conveniência da constituição do vínculo. § 2º A simples guarda de fato não autoriza, por si só, a dispensa da realização do estágio de convivência. § 3º Em caso de adoção por pessoa ou casal residente ou domiciliado fora do País, o estágio de convivência, cumprido no território nacional, será de, no mínimo, 30 (trinta) dias. § 4º O estágio de convivência será acompanhado pela equipe interprofissional a serviço da Justiça da Infância e da Juventude, preferencialmente com apoio dos técnicos responsáveis pela execução da política de garantia do direito à convivência familiar, que apresentarão relatório minucioso acerca da conveniência do deferimento da medida. (NR)

Art. 47. O vínculo da adoção constitui-se por sentença judicial, que será inscrita no registro civil mediante mandado do qual não se fornecerá certidão.	Art. 47. ....
§ 1º A inscrição consignará o nome dos adotantes como pais, bem como o nome de seus ascendentes.	
§ 2º O mandado judicial, que será arquivado, cancelará o registro original do adotado.	
§ 3º Nenhuma observação sobre a origem do ato poderá constar nas certidões do registro.	§ 3º A pedido do adotante, o novo registro poderá ser lavrado no Cartório do Registro Civil do Município de sua residência.
§ 4º A critério da autoridade judiciária, poderá ser fornecida certidão para a salvaguarda de direitos.	§ 4º Nenhuma observação sobre a origem do ato poderá constar nas certidões do registro.
§ 5º A sentença conferirá ao adotado o nome do adotante e, a pedido deste, poderá determinar a modificação do prenome.	§ 5º A sentença conferirá ao adotado o nome do adotante e, a pedido de qualquer deles, poderá determinar a modificação do prenome.
§ 6º A adoção produz seus efeitos a partir do trânsito em julgado da sentença, exceto na hipótese prevista no art. 42, § 5º, caso em que terá força retroativa à data do óbito.	§ 6º Caso a modificação de prenome seja requerida pelo adotante, é obrigatória a oitiva do adotando, observado o disposto nos §§ 1º e 2º do art. 28 desta Lei.
	§ 7º A adoção produz seus efeitos a partir do trânsito em julgado da sentença constitutiva, exceto na hipótese prevista no § 6º do art. 42 desta Lei, caso em que terá força retroativa à data do óbito.
	§ 8º O processo relativo à adoção assim como outros a ele relacionados serão mantidos em arquivo, admitindo-se seu armazenamento em microfilme ou por outros meios, garantida a sua conservação para consulta a qualquer tempo.
Art. 50. A autoridade judiciária manterá, em cada comarca ou foro regional, um registro de crianças e adolescentes em condições de serem adotados e outro de pessoas interessadas na adoção.	Art. 50. ....
§ 1º O deferimento da inscrição dar-se-á após prévia consulta aos órgãos técnicos do juizado, ouvido o Ministério Público.	
§ 2º Não será deferida a inscrição se o interessado não satisfazer os requisitos legais, ou verificada qualquer das hipóteses previstas no art. 29.	§ 3º A inscrição de postulantes à adoção será precedida de um período de preparação psicossocial e jurídica, orientado pela equipe técnica da Justiça da Infância e da Juventude, preferencial-

mente com apoio dos técnicos responsáveis pela execução da política municipal de garantia do direito à convivência familiar.

§ 4º Sempre que possível e recomendável, a preparação referida no § 3º deste artigo incluirá o contato com crianças e adolescentes em acolhimento familiar ou institucional em condições de serem adotados, a ser realizado sob a orientação, supervisão e avaliação da equipe técnica da Justiça da Infância e da Juventude, com apoio dos técnicos responsáveis pelo programa de acolhimento e pela execução da política municipal de garantia do direito à convivência familiar.

§ 5º Serão criados e implementados cadastros estaduais e nacional de crianças e adolescentes em condições de serem adotados e de pessoas ou casais habilitados à adoção.

§ 6º Haverá cadastros distintos para pessoas ou casais residentes fora do País, que somente serão consultados na inexistência de postulantes nacionais habilitados nos cadastros mencionados no § 5º deste artigo.

§ 7º As autoridades estaduais e federais em matéria de adoção terão acesso integral aos cadastros, incumbindo-lhes a troca de informações e a cooperação mútua, para melhoria do sistema.

§ 8º A autoridade judiciária providenciará, no prazo de 48 (quarenta e oito) horas, a inscrição das crianças e adolescentes em condições de serem adotados que não tiveram colocação familiar na comarca de origem, e das pessoas ou casais que tiveram deferida sua habilitação à adoção nos cadastros estadual e nacional referidos no § 5º deste artigo, sob pena de responsabilidade.

§ 9º Compete à Autoridade Central Estadual zelar pela manutenção e correta alimentação dos cadastros, com posterior comunicação à Autoridade Central Federal Brasileira.

§ 10. A adoção internacional somente será deferida se, após consulta ao cadastro de pessoas ou casais habilitados à adoção, mantido pela Justiça da Infância e da Juventude na comarca, bem como aos cadastros estadual e nacional referidos no § 5º deste artigo, não for encontrado interessado com residência permanente no Brasil.

	§ 11. Enquanto não localizada pessoa ou casal interessado em sua adoção, a criança ou o adolescente, sempre que possível e recomendável, será colocado sob guarda de família cadastrada em programa de acolhimento familiar. § 12. A alimentação do cadastro e a convocação criteriosa dos postulantes à adoção serão fiscalizadas pelo Ministério Público. § 13. Somente poderá ser deferida adoção em favor de candidato domiciliado no Brasil não cadastrado previamente nos termos desta Lei quando: I — se tratar de pedido de adoção unilateral; II — for formulada por parente com o qual a criança ou adolescente mantenha vínculos de afinidade e afetividade; III — oriundo o pedido de quem detém a tutela ou guarda legal de criança maior de 3 (três) anos ou adolescente, desde que o lapso de tempo de convivência comprove a fixação de laços de afinidade e afetividade, e não seja constatada a ocorrência de má-fé ou qualquer das situações previstas nos arts. 237 ou 238 desta Lei. § 14. Nas hipóteses previstas no § 13 deste artigo, o candidato deverá comprovar, no curso do procedimento, que preenche os requisitos necessários à adoção, conforme previsto nesta Lei.
Art. 51 Cuidando-se de pedido de adoção formulado por estrangeiro residente ou domiciliado fora do País, observar-se-á o disposto no art. 31. § 1º O candidato deverá comprovar, mediante documento expedido pela autoridade competente do respectivo domicílio, estar devidamente habilitado à adoção, consoante as leis do seu país, bem como apresentar estudo psicossocial elaborado por agência especializada e credenciada no país de origem.	Art. 51. Considera-se adoção internacional aquela na qual a pessoa ou casal postulante é residente ou domiciliado fora do Brasil, conforme previsto no Artigo 2 da Convenção de Haia, de 29 de maio de 1993, Relativa à Proteção das Crianças e à Cooperação em Matéria de Adoção Internacional, aprovada pelo Decreto Legislativo nº 1, de 14 de janeiro de 1999, e promulgada pelo Decreto nº 3.087, de 21 de junho de 1999. § 1º A adoção internacional de criança ou adolescente brasileiro ou domiciliado no Brasil somente terá lugar quando restar comprovado: I — que a colocação em família substituta é a solução adequada ao caso concreto; II — que foram esgotadas todas as possibilidades de colocação da criança ou adolescente em família substituta brasileira, após consulta aos cadastros mencionados no art. 50 desta Lei; III — que, em se tratando de adoção de adolescente, este foi consultado, por meios adequados ao

<table>
<tr>
<td>§ 2º A autoridade judiciária, de ofício ou a requerimento do Ministério Público, poderá determinar a apresentação do texto pertinente à legislação estrangeira, acompanhado de prova da respectiva vigência.
§ 3º Os documentos em língua estrangeira serão juntados aos autos, devidamente autenticados pela autoridade consular, observados os tratados e convenções internacionais, e acompanhados da respectiva tradução, por tradutor público juramentado.
§ 4º Antes de consumada a adoção não será permitida a saída do adotando do território nacional.</td>
<td>seu estágio de desenvolvimento, e que se encontra preparado para a medida, mediante parecer elaborado por equipe interprofissional, observado o disposto nos §§ 1º e 2º do art. 28 desta Lei.
§ 2º Os brasileiros residentes no exterior terão preferência aos estrangeiros, nos casos de adoção internacional de criança ou adolescente brasileiro.
§ 3º A adoção internacional pressupõe a intervenção das Autoridades Centrais Estaduais e Federal em matéria de adoção internacional.</td>
</tr>
<tr>
<td>Art. 52. A adoção internacional poderá ser condicionada a estudo prévio e análise de uma comissão estadual judiciária de adoção, que fornecerá o respectivo laudo de habilitação para instruir o processo competente.
Parágrafo único. Competirá à comissão manter registro centralizado de interessados estrangeiros em adoção.</td>
<td>Art. 52. A adoção internacional observará o procedimento previsto nos arts. 165 a 170 desta Lei, com as seguintes adaptações:
I — a pessoa ou casal estrangeiro, interessado em adotar criança ou adolescente brasileiro, deverá formular pedido de habilitação à adoção perante a Autoridade Central em matéria de adoção internacional no país de acolhida, assim entendido aquele onde está situada sua residência habitual;
II — se a Autoridade Central do país de acolhida considerar que os solicitantes estão habilitados e aptos para adotar, emitirá um relatório que contenha informações sobre a identidade, a capacidade jurídica e adequação dos solicitantes para adotar, sua situação pessoal, familiar e médica, seu meio social, os motivos que os animam e sua aptidão para assumir uma adoção internacional;
III — a Autoridade Central do país de acolhida enviará o relatório à Autoridade Central Estadual, com cópia para a Autoridade Central Federal Brasileira;
IV — o relatório será instruído com toda a documentação necessária, incluindo estudo psicossocial elaborado por equipe interprofissional habilitada e cópia autenticada da legislação pertinente, acompanhada da respectiva prova de vigência;
V — os documentos em língua estrangeira serão devidamente autenticados pela autoridade consu-</td>
</tr>
</table>

lar, observados os tratados e convenções internacionais, e acompanhados da respectiva tradução, por tradutor público juramentado;

VI — a Autoridade Central Estadual poderá fazer exigências e solicitar complementação sobre o estudo psicossocial do postulante estrangeiro à adoção, já realizado no país de acolhida;

VII — verificada, após estudo realizado pela Autoridade Central Estadual, a compatibilidade da legislação estrangeira com a nacional, além do preenchimento por parte dos postulantes à medida dos requisitos objetivos e subjetivos necessários ao seu deferimento, tanto à luz do que dispõe esta Lei como da legislação do país de acolhida, será expedido laudo de habilitação à adoção internacional, que terá validade por, no máximo, 1 (um) ano;

VIII — de posse do laudo de habilitação, o interessado será autorizado a formalizar pedido de adoção perante o Juízo da Infância e da Juventude do local em que se encontra a criança ou adolescente, conforme indicação efetuada pela Autoridade Central Estadual.

§ 1º Se a legislação do país de acolhida assim o autorizar, admite-se que os pedidos de habilitação à adoção internacional sejam intermediados por organismos credenciados.

§ 2º Incumbe à Autoridade Central Federal Brasileira o credenciamento de organismos nacionais e estrangeiros encarregados de intermediar pedidos de habilitação à adoção internacional, com posterior comunicação às Autoridades Centrais Estaduais e publicação nos órgãos oficiais de imprensa e em sítio próprio da internet.

§ 3º Somente será admissível o credenciamento de organismos que:

I — sejam oriundos de países que ratificaram a Convenção de Haia e estejam devidamente credenciados pela Autoridade Central do país onde estiverem sediados e no país de acolhida do adotando para atuar em adoção internacional no Brasil;

II — satisfizerem as condições de integridade moral, competência profissional, experiência e responsabilidade exigidas pelos países respectivos e pela Autoridade Central Federal Brasileira;

III — forem qualificados por seus padrões éticos e sua formação e experiência para atuar na área de adoção internacional;

IV — cumprirem os requisitos exigidos pelo ordenamento jurídico brasileiro e pelas normas estabelecidas pela Autoridade Central Federal Brasileira.

§ 4º Os organismos credenciados deverão ainda:

I — perseguir unicamente fins não lucrativos, nas condições e dentro dos limites fixados pelas autoridades competentes do país onde estiverem sediados, do país de acolhida e pela Autoridade Central Federal Brasileira;

II — ser dirigidos e administrados por pessoas qualificadas e de reconhecida idoneidade moral, com comprovada formação ou experiência para atuar na área de adoção internacional, cadastradas pelo Departamento de Polícia Federal e aprovadas pela Autoridade Central Federal Brasileira, mediante publicação de portaria do órgão federal competente;

III — estar submetidos à supervisão das autoridades competentes do país onde estiverem sediados e no país de acolhida, inclusive quanto à sua composição, funcionamento e situação financeira;

IV — apresentar à Autoridade Central Federal Brasileira, a cada ano, relatório geral das atividades desenvolvidas, bem como relatório de acompanhamento das adoções internacionais efetuadas no período, cuja cópia será encaminhada ao Departamento de Polícia Federal;

V — enviar relatório pós-adotivo semestral para a Autoridade Central Estadual, com cópia para a Autoridade Central Federal Brasileira, pelo período mínimo de 2 (dois) anos. O envio do relatório será mantido até a juntada de cópia autenticada do registro civil, estabelecendo a cidadania do país de acolhida para o adotado;

VI — tomar as medidas necessárias para garantir que os adotantes encaminhem à Autoridade Central Federal Brasileira cópia da certidão de registro de nascimento estrangeira e do certificado de nacionalidade tão logo lhes sejam concedidos.

§ 5º A não apresentação dos relatórios referidos no § 4º deste artigo pelo organismo credenciado poderá acarretar a suspensão de seu credenciamento.

§ 6º O credenciamento de organismo nacional ou estrangeiro encarregado de intermediar pedidos de adoção internacional terá validade de 2 (dois) anos.

§ 7º A renovação do credenciamento poderá ser concedida mediante requerimento protocolado na Autoridade Central Federal Brasileira nos 60 (sessenta) dias anteriores ao término do respectivo prazo de validade.

§ 8º Antes de transitada em julgado a decisão que concedeu a adoção internacional, não será permitida a saída do adotando do território nacional.

§ 9º Transitada em julgado a decisão, a autoridade judiciária determinará a expedição de alvará com autorização de viagem, bem como para obtenção de passaporte, constando, obrigatoriamente, as características da criança ou adolescente adotado, como idade, cor, sexo, eventuais sinais ou traços peculiares, assim como foto recente e a aposição da impressão digital do seu polegar direito, instruindo o documento com cópia autenticada da decisão e certidão de trânsito em julgado.

§ 10. A Autoridade Central Federal Brasileira poderá, a qualquer momento, solicitar informações sobre a situação das crianças e adolescentes adotados.

§ 11. A cobrança de valores por parte dos organismos credenciados, que sejam considerados abusivos pela Autoridade Central Federal Brasileira e que não estejam devidamente comprovados, é causa de seu descredenciamento.

§ 12. Uma mesma pessoa ou seu cônjuge não podem ser representados por mais de uma entidade credenciada para atuar na cooperação em adoção internacional.

§ 13. A habilitação de postulante estrangeiro ou domiciliado fora do Brasil terá validade máxima de 1 (um) ano, podendo ser renovada.

§ 14. É vedado o contato direto de representantes de organismos de adoção, nacionais ou estrangeiros, com dirigentes de programas de acolhimento institucional ou familiar, assim como com crianças e adolescentes em condições de serem adotados, sem a devida autorização judicial.

§ 15. A Autoridade Central Federal Brasileira poderá limitar ou suspender a concessão de novos credenciamentos sempre que julgar necessário, mediante ato administrativo fundamentado. (NR)

	Art. 52-A. É vedado, sob pena de responsabilidade e descredenciamento, o repasse de recursos provenientes de organismos estrangeiros encarregados de intermediar pedidos de adoção internacional a organismos nacionais ou a pessoas físicas. Parágrafo único. Eventuais repasses somente poderão ser efetuados via Fundo dos Direitos da Criança e do Adolescente e estarão sujeitos às deliberações do respectivo Conselho de Direitos da Criança e do Adolescente.
	Art. 52-B. A adoção por brasileiro residente no exterior em país ratificante da Convenção de Haia, cujo processo de adoção tenha sido processado em conformidade com a legislação vigente no país de residência e atendido o disposto na Alínea "c" do Artigo 17 da referida Convenção, será automaticamente recepcionada com o reingresso no Brasil. § 1º Caso não tenha sido atendido o disposto na Alínea "c" do Artigo 17 da Convenção de Haia, deverá a sentença ser homologada pelo Superior Tribunal de Justiça. § 2º O pretendente brasileiro residente no exterior em país não ratificante da Convenção de Haia, uma vez reingressado no Brasil, deverá requerer a homologação da sentença estrangeira pelo Superior Tribunal de Justiça.
	Art. 52-C. Nas adoções internacionais, quando o Brasil for o país de acolhida, a decisão da autoridade competente do país de origem da criança ou do adolescente será conhecida pela Autoridade Central Estadual que tiver processado o pedido de habilitação dos pais adotivos, que comunicará o fato à Autoridade Central Federal e determinará as providências necessárias à expedição do Certificado de Naturalização Provisório. § 1º A Autoridade Central Estadual, ouvido o Ministério Público, somente deixará de reconhecer os efeitos daquela decisão se restar demonstrado que a adoção é manifestamente contrária à ordem pública ou não atende ao interesse superior da criança ou do adolescente. § 2º Na hipótese de não reconhecimento da adoção, prevista no § 1º deste artigo, o Ministério Público deverá imediatamente requerer o que for

	de direito para resguardar os interesses da criança ou do adolescente, comunicando-se as providências à Autoridade Central Estadual, que fará a comunicação à Autoridade Central Federal Brasileira e à Autoridade Central do país de origem.
Art. 87. São linhas de ação da política de atendimento: I — políticas sociais básicas; II — políticas e programas de assistência social, em caráter supletivo, para aqueles que deles necessitem; III — serviços especiais de prevenção e atendimento médico e psicossocial às vítimas de negligência, maus-tratos, exploração, abuso, crueldade e opressão; IV — serviço de identificação e localização de pais, responsável, crianças e adolescentes desaparecidos; V — proteção jurídico-social por entidades de defesa dos direitos da criança e do adolescente.	Art. 87. .... VI — políticas e programas destinados a prevenir ou abreviar o período de afastamento do convívio familiar e a garantir o efetivo exercício do direito à convivência familiar de crianças e adolescentes; VII — campanhas de estímulo ao acolhimento sob forma de guarda de crianças e adolescentes afastados do convívio familiar e à adoção, especificamente inter-racial, de crianças maiores ou de adolescentes, com necessidades específicas de saúde ou com deficiências e de grupos de irmãos. (NR)
Art. 88. São diretrizes da política de atendimento: I — municipalização do atendimento; II — criação de conselhos municipais, estaduais e nacional dos direitos da criança e do adolescente, órgãos deliberativos e controladores das ações em todos os níveis, assegurada a participação popular paritária por meio de organizações representativas, segundo leis federal, estaduais e municipais; III — criação e manutenção de programas específicos, observada a descentralização político-administrativa; IV — manutenção de fundos nacional, estaduais e municipais vinculados aos respectivos conselhos dos direitos da criança e do adolescente;	Art. 88. ....

<table>
<tr>
<td>V — integração operacional de órgãos do Judiciário, Ministério Público, Defensoria, Segurança Pública e Assistência Social, preferencialmente em um mesmo local, para efeito de agilização do atendimento inicial a adolescente a quem se atribua autoria de ato infracional;
VI — mobilização da opinião pública no sentido da indispensável participação dos diversos segmentos da sociedade.</td>
<td>VI — integração operacional de órgãos do Judiciário, Ministério Público, Defensoria, Conselho Tutelar e encarregados da execução das políticas sociais básicas e de assistência social, para efeito de agilização do atendimento de crianças e de adolescentes inseridos em programas de acolhimento familiar ou institucional, com vista na sua rápida reintegração à família de origem ou, se tal solução se mostrar comprovadamente inviável, sua colocação em família substituta, em quaisquer das modalidades previstas no art. 28 desta Lei;
VII — mobilização da opinião pública para a indispensável participação dos diversos segmentos da sociedade.</td>
</tr>
<tr>
<td>Art. 90. As entidades de atendimento são responsáveis pela manutenção das próprias unidades, assim como pelo planejamento e execução de programas de proteção e socioeducativos destinados a crianças e adolescentes, em regime de:
I — orientação e apoio sociofamiliar;
II — apoio socioeducativo em meio aberto;
III — colocação familiar;
IV — abrigo;
V — liberdade assistida;
VI — semiliberdade;
VII — internação.
Parágrafo único. As entidades governamentais e não-governamentais deverão proceder à inscrição de seus programas, especificando os regimes de atendimento, na forma definida neste artigo, junto ao Conselho Municipal dos Direitos da Criança e do Adolescente, o qual manterá registro das inscrições e de suas alterações, do que fará comunicação ao Conselho Tutelar e à autoridade judiciária.</td>
<td>Art. 90. . . . .
IV — acolhimento institucional;
§ 1º As entidades governamentais e não governamentais deverão proceder à inscrição de seus programas, especificando os regimes de atendimento, na forma definida neste artigo, no Conselho Municipal dos Direitos da Criança e do Adolescente, o qual manterá registro das inscrições e de suas alterações, do que fará comunicação ao Conselho Tutelar e à autoridade judiciária.
§ 2º Os recursos destinados à implementação e manutenção dos programas relacionados neste artigo serão previstos nas dotações orçamentárias dos órgãos públicos encarregados das áreas de Educação, Saúde e Assistência Social, dentre outros, observando-se o princípio da prioridade absoluta à criança e ao adolescente preconizado pelo caput do art. 227 da Constituição Federal e pelo caput e parágrafo único do art. 4º desta Lei.</td>
</tr>
</table>

	§ 3º Os programas em execução serão reavaliados pelo Conselho Municipal dos Direitos da Criança e do Adolescente, no máximo, a cada 2 (dois) anos, constituindo-se critérios para renovação da autorização de funcionamento: I — o efetivo respeito às regras e princípios desta Lei, bem como às resoluções relativas à modalidade de atendimento prestado expedidas pelos Conselhos de Direitos da Criança e do Adolescente, em todos os níveis; II — a qualidade e eficiência do trabalho desenvolvido, atestadas pelo Conselho Tutelar, pelo Ministério Público e pela Justiça da Infância e da Juventude; III — em se tratando de programas de acolhimento institucional ou familiar, serão considerados os índices de sucesso na reintegração familiar ou de adaptação à família substituta, conforme o caso.
Art. 91. As entidades não-governamentais somente poderão funcionar depois de registradas no Conselho Municipal dos Direitos da Criança e do Adolescente, o qual comunicará o registro ao Conselho Tutelar e à autoridade judiciária da respectiva localidade. Parágrafo único. Será negado o registro à entidade que: a) não ofereça instalações físicas em condições adequadas de habitabilidade, higiene, salubridade e segurança; b) não apresente plano de trabalho compatível com os princípios desta Lei; c) esteja irregularmente constituída; d) tenha em seus quadros pessoas inidôneas.	Art. 91. . . . . § 1º Será negado o registro à entidade que: e) não se adequar ou deixar de cumprir as resoluções e deliberações relativas à modalidade de atendimento prestado expedidas pelos Conselhos de Direitos da Criança e do Adolescente, em todos os níveis. § 2º O registro terá validade máxima de 4 (quatro) anos, cabendo ao Conselho Municipal dos Direitos da Criança e do Adolescente, periodicamente, reavaliar o cabimento de sua renovação, observado o disposto no § 1º deste artigo.
Art. 92. As entidades que desenvolvam programas de abrigo deverão adotar os seguintes princípios: I — preservação dos vínculos familiares; II — integração em família substituta, quando esgotados os recursos de manutenção na família de origem; III — atendimento personalizado e em pequenos grupos; IV — desenvolvimento de atividades em regime de co-educação;	Art. 92. As entidades que desenvolvam programas de acolhimento familiar ou institucional deverão adotar os seguintes princípios: I — preservação dos vínculos familiares e promoção da reintegração familiar; II — integração em família substituta, quando esgotados os recursos de manutenção na família natural ou extensa; . . . .

V — não desmembramento de grupos de irmãos; VI — evitar, sempre que possível, a transferência para outras entidades de crianças e adolescentes abrigados; VII — participação na vida da comunidade local; VIII — preparação gradativa para o desligamento; IX — participação de pessoas da comunidade no processo educativo. Parágrafo único. O dirigente de entidade de abrigo é equiparado ao guardião, para todos os efeitos de direito.	§ 1º O dirigente de entidade que desenvolve programa de acolhimento institucional é equiparado ao guardião, para todos os efeitos de direito. § 2º Os dirigentes de entidades que desenvolvem programas de acolhimento familiar ou institucional remeterão à autoridade judiciária, no máximo a cada 6 (seis) meses, relatório circunstanciado acerca da situação de cada criança ou adolescente acolhido e sua família, para fins da reavaliação prevista no § 1º do art. 19 desta Lei. § 3º Os entes federados, por intermédio dos Poderes Executivo e Judiciário, promoverão conjuntamente a permanente qualificação dos profissionais que atuam direta ou indiretamente em programas de acolhimento institucional e destinados à colocação familiar de crianças e adolescentes, incluindo membros do Poder Judiciário, Ministério Público e Conselho Tutelar. § 4º Salvo determinação em contrário da autoridade judiciária competente, as entidades que desenvolvem programas de acolhimento familiar ou institucional, se necessário com o auxílio do Conselho Tutelar e dos órgãos de assistência social, estimularão o contato da criança ou adolescente com seus pais e parentes, em cumprimento ao disposto nos incisos I e VIII do *caput* deste artigo. § 5º As entidades que desenvolvem programas de acolhimento familiar ou institucional somente poderão receber recursos públicos se comprovado o atendimento dos princípios, exigências e finalidades desta Lei. § 6º O descumprimento das disposições desta Lei pelo dirigente de entidade que desenvolva programas de acolhimento familiar ou institucional é causa de sua destituição, sem prejuízo da apuração de sua responsabilidade administrativa, civil e criminal.

Art. 93. As entidades que mantenham programas de abrigo poderão, em caráter excepcional e de urgência, abrigar crianças e adolescentes sem prévia determinação da autoridade competente, fazendo comunicação do fato até o 2º dia útil imediato.	Art. 93. As entidades que mantenham programa de acolhimento institucional poderão, em caráter excepcional e de urgência, acolher crianças e adolescentes sem prévia determinação da autoridade competente, fazendo comunicação do fato em até 24 (vinte e quatro) horas ao Juiz da Infância e da Juventude, sob pena de responsabilidade. Parágrafo único. Recebida a comunicação, a autoridade judiciária, ouvido o Ministério Público e se necessário com o apoio do Conselho Tutelar local, tomará as medidas necessárias para promover a imediata reintegração familiar da criança ou do adolescente ou, se por qualquer razão não for isso possível ou recomendável, para seu encaminhamento a programa de acolhimento familiar, institucional ou a família substituta, observado o disposto no § 2º do art. 101 desta Lei.
Art. 94. As entidades que desenvolvem programas de internação têm as seguintes obrigações, entre outras: I — observar os direitos e garantias de que são titulares os adolescentes; II — não restringir nenhum direito que não tenha sido objeto de restrição na decisão de internação; III — oferecer atendimento personalizado, em pequenas unidades e grupos reduzidos; IV — preservar a identidade e oferecer ambiente de respeito e dignidade ao adolescente; V — diligenciar no sentido do restabelecimento e da preservação dos vínculos familiares; VI — comunicar à autoridade judiciária, periodicamente, os casos em que se mostre inviável ou impossível o reatamento dos vínculos familiares; VII — oferecer instalações físicas em condições adequadas de habitabilidade, higiene, salubridade e segurança e os objetos necessários à higiene pessoal; VIII — oferecer vestuário e alimentação suficientes e adequados à faixa etária dos adolescentes atendidos; IX — oferecer cuidados médicos, psicológicos, odontológicos e farmacêuticos;	Art. 94. ....

X — propiciar escolarização e profissionalização; XI — propiciar atividades culturais, esportivas e de lazer; XII — propiciar assistência religiosa àqueles que desejarem, de acordo com suas crenças; XIII — proceder a estudo social e pessoal de cada caso; XIV — reavaliar periodicamente cada caso, com intervalo máximo de seis meses, dando ciência dos resultados à autoridade competente; XV — informar, periodicamente, o adolescente internado sobre sua situação processual; XVI — comunicar às autoridades competentes todos os casos de adolescentes portadores de moléstias infecto-contagiosas; XVII — fornecer comprovante de depósito dos pertences dos adolescentes; XVIII — manter programas destinados ao apoio e acompanhamento de egressos; XIX — providenciar os documentos necessários ao exercício da cidadania àqueles que não os tiverem; XX — manter arquivo de anotações onde constem data e circunstâncias do atendimento, nome do adolescente, seus pais ou responsável, parentes, endereços, sexo, idade, acompanhamento da sua formação, relação de seus pertences e demais dados que possibilitem sua identificação e a individualização do atendimento. § 1º Aplicam-se, no que couber, as obrigações constantes deste artigo às entidades que mantêm programa de abrigo. § 2º No cumprimento das obrigações a que alude este artigo as entidades utilizarão preferencialmente os recursos da comunidade.	§ 1º Aplicam-se, no que couber, as obrigações constantes deste artigo às entidades que mantêm programas de acolhimento institucional e familiar.
Art. 97. São medidas aplicáveis às entidades de atendimento que descumprirem obrigação constante do art. 94, sem prejuízo da responsabilidade civil e criminal de seus dirigentes ou prepostos: I — às entidades governamentais: a) advertência; b) afastamento provisório de seus dirigentes; c) afastamento definitivo de seus dirigentes; d) fechamento de unidade ou interdição de programa.	Art. 97. . . . .

II — às entidades não-governamentais: a) advertência; b) suspensão total ou parcial do repasse de verbas públicas; c) interdição de unidades ou suspensão de programa; d) cassação do registro. Parágrafo único. Em caso de reiteradas infrações cometidas por entidades de atendimento, que coloquem em risco os direitos assegurados nesta Lei, deverá ser o fato comunicado ao Ministério Público ou representado perante autoridade judiciária competente para as providências cabíveis, inclusive suspensão das atividades ou dissolução da entidade.	§ 1º Em caso de reiteradas infrações cometidas por entidades de atendimento, que coloquem em risco os direitos assegurados nesta Lei, deverá ser o fato comunicado ao Ministério Público ou representado perante autoridade judiciária competente para as providências cabíveis, inclusive suspensão das atividades ou dissolução da entidade. § 2º As pessoas jurídicas de direito público e as organizações não governamentais responderão pelos danos que seus agentes causarem às crianças e aos adolescentes, caracterizado o descumprimento dos princípios norteadores das atividades de proteção específica.
Art. 100. Na aplicação das medidas levar-se-ão em conta as necessidades pedagógicas, preferindo-se aquelas que visem ao fortalecimento dos vínculos familiares e comunitários.	Art. 100. . . . . Parágrafo único. São também princípios que regem a aplicação das medidas: I — condição da criança e do adolescente como sujeitos de direitos: crianças e adolescentes são os titulares dos direitos previstos nesta e em outras Leis, bem como na Constituição Federal; II — proteção integral e prioritária: a interpretação e aplicação de toda e qualquer norma contida nesta Lei deve ser voltada à proteção integral e prioritária dos direitos de que crianças e adolescentes são titulares; III — responsabilidade primária e solidária do poder público: a plena efetivação dos direitos assegurados a crianças e a adolescentes por esta Lei e pela Constituição Federal, salvo nos casos por esta expressamente ressalvados, é de responsabilidade primária e solidária das 3 (três) esferas de governo, sem prejuízo da municipalização do atendimento e da possibilidade da execução de programas por entidades não governamentais; IV — interesse superior da criança e do adolescente: a intervenção deve atender prioritariamente aos interesses e direitos da criança e do adolescente, sem prejuízo da consideração que for devida a outros interesses legítimos no âmbito da pluralidade dos interesses presentes no caso concreto;

	V — privacidade: a promoção dos direitos e proteção da criança e do adolescente deve ser efetuada no respeito pela intimidade, direito à imagem e reserva da sua vida privada; VI — intervenção precoce: a intervenção das autoridades competentes deve ser efetuada logo que a situação de perigo seja conhecida; VII — intervenção mínima: a intervenção deve ser exercida exclusivamente pelas autoridades e instituições cuja ação seja indispensável à efetiva promoção dos direitos e à proteção da criança e do adolescente; VIII — proporcionalidade e atualidade: a intervenção deve ser a necessária e adequada à situação de perigo em que a criança ou o adolescente se encontram no momento em que a decisão é tomada; IX — responsabilidade parental: a intervenção deve ser efetuada de modo que os pais assumam os seus deveres para com a criança e o adolescente; X — prevalência da família: na promoção de direitos e na proteção da criança e do adolescente deve ser dada prevalência às medidas que os mantenham ou reintegrem na sua família natural ou extensa ou, se isto não for possível, que promovam a sua integração em família substituta; XI — obrigatoriedade da informação: a criança e o adolescente, respeitado seu estágio de desenvolvimento e capacidade de compreensão, seus pais ou responsável devem ser informados dos seus direitos, dos motivos que determinaram a intervenção e da forma como esta se processa; XII — oitiva obrigatória e participação: a criança e o adolescente, em separado ou na companhia dos pais, de responsável ou de pessoa por si indicada, bem como os seus pais ou responsável, têm direito a ser ouvidos e a participar nos atos e na definição da medida de promoção dos direitos e de proteção, sendo sua opinião devidamente considerada pela autoridade judiciária competente, observado o disposto nos §§ 1º e 2º do art. 28 desta Lei.
Art. 101. Verificada qualquer das hipóteses previstas no art. 98, a autoridade competente poderá determinar, dentre outras, as seguintes medidas: I — encaminhamento aos pais ou responsável, mediante termo de responsabilidade; II — orientação, apoio e acompanhamento temporários;	Art. 101. . . . .

III — matrícula e freqüência obrigatórias em estabelecimento oficial de ensino fundamental;

IV — inclusão em programa comunitário ou oficial de auxílio à família, à criança e ao adolescente;

V — requisição de tratamento médico, psicológico ou psiquiátrico, em regime hospitalar ou ambulatorial;

VI — inclusão em programa oficial ou comunitário de auxílio, orientação e tratamento a alcoólatras e toxicômanos;

VII — abrigo em entidade;

VIII — colocação em família substituta.

Parágrafo único. O abrigo é medida provisória e excepcional, utilizável como forma de transição para a colocação em família substituta, não implicando privação de liberdade.

VII — acolhimento institucional;

VIII — inclusão em programa de acolhimento familiar;

IX — colocação em família substituta.

§ 1º O acolhimento institucional e o acolhimento familiar são medidas provisórias e excepcionais, utilizáveis como forma de transição para reintegração familiar ou, não sendo esta possível, para colocação em família substituta, não implicando privação de liberdade.

§ 2º Sem prejuízo da tomada de medidas emergenciais para proteção de vítimas de violência ou abuso sexual e das providências a que alude o art. 130 desta Lei, o afastamento da criança ou adolescente do convívio familiar é de competência exclusiva da autoridade judiciária e importará na deflagração, a pedido do Ministério Público ou de quem tenha legítimo interesse, de procedimento judicial contencioso, no qual se garanta aos pais ou ao responsável legal o exercício do contraditório e da ampla defesa.

§ 3º Crianças e adolescentes somente poderão ser encaminhados às instituições que executam programas de acolhimento institucional, governamentais ou não, por meio de uma Guia de Acolhimento, expedida pela autoridade judiciária, na qual obrigatoriamente constará, dentre outros:

I — sua identificação e a qualificação completa de seus pais ou de seu responsável, se conhecidos;

II — o endereço de residência dos pais ou do responsável, com pontos de referência;

III — os nomes de parentes ou de terceiros interessados em tê-los sob sua guarda;

IV — os motivos da retirada ou da não reintegração ao convívio familiar.

§ 4º Imediatamente após o acolhimento da criança ou do adolescente, a entidade responsável pelo programa de acolhimento institucional ou familiar elaborará um plano individual de atendimento, visando à reintegração familiar, ressalvada a existência de ordem escrita e fundamentada em contrário de autoridade judiciária competente, caso em que também deverá contemplar sua colocação em família substituta, observadas as regras e princípios desta Lei.

§ 5º O plano individual será elaborado sob a responsabilidade da equipe técnica do respectivo programa de atendimento e levará em consideração a opinião da criança ou do adolescente e a oitiva dos pais ou do responsável.

§ 6º Constarão do plano individual, dentre outros:

I — os resultados da avaliação interdisciplinar;

II — os compromissos assumidos pelos pais ou responsável; e

III — a previsão das atividades a serem desenvolvidas com a criança ou com o adolescente acolhido e seus pais ou responsável, com vista na reintegração familiar ou, caso seja esta vedada por expressa e fundamentada determinação judicial, as providências a serem tomadas para sua colocação em família substituta, sob direta supervisão da autoridade judiciária.

§ 7º O acolhimento familiar ou institucional ocorrerá no local mais próximo à residência dos pais ou do responsável e, como parte do processo de reintegração familiar, sempre que identificada a necessidade, a família de origem será incluída em programas oficiais de orientação, de apoio e de promoção social, sendo facilitado e estimulado o contato com a criança ou com o adolescente acolhido.

§ 8º Verificada a possibilidade de reintegração familiar, o responsável pelo programa de acolhimento familiar ou institucional fará imediata comunicação à autoridade judiciária, que dará vista ao Ministério Público, pelo prazo de 5 (cinco) dias, decidindo em igual prazo.

§ 9º Em sendo constatada a impossibilidade de reintegração da criança ou do adolescente à família de origem, após seu encaminhamento a programas oficiais ou comunitários de orientação, apoio e

	promoção social, será enviado relatório fundamentado ao Ministério Público, no qual conste a descrição pormenorizada das providências tomadas e a expressa recomendação, subscrita pelos técnicos da entidade ou responsáveis pela execução da política municipal de garantia do direito à convivência familiar, para a destituição do poder familiar, ou destituição de tutela ou guarda. § 10. Recebido o relatório, o Ministério Público terá o prazo de 30 (trinta) dias para o ingresso com a ação de destituição do poder familiar, salvo se entender necessária a realização de estudos complementares ou outras providências que entender indispensáveis ao ajuizamento da demanda. § 11. A autoridade judiciária manterá, em cada comarca ou foro regional, um cadastro contendo informações atualizadas sobre as crianças e adolescentes em regime de acolhimento familiar e institucional sob sua responsabilidade, com informações pormenorizadas sobre a situação jurídica de cada um, bem como as providências tomadas para sua reintegração familiar ou colocação em família substituta, em qualquer das modalidades previstas no art. 28 desta Lei. § 12. Terão acesso ao cadastro o Ministério Público, o Conselho Tutelar, o órgão gestor da Assistência Social e os Conselhos Municipais dos Direitos da Criança e do Adolescente e da Assistência Social, aos quais incumbe deliberar sobre a implementação de políticas públicas que permitam reduzir o número de crianças e adolescentes afastados do convívio familiar e abreviar o período de permanência em programa de acolhimento. (NR)
Art. 102. As medidas de proteção de que trata este Capítulo serão acompanhadas da regularização do registro civil. § 1º Verificada a inexistência de registro anterior, o assento de nascimento da criança ou adolescente será feito à vista dos elementos disponíveis, mediante requisição da autoridade judiciária. § 2º Os registros e certidões necessários à regularização de que trata este artigo são isentos de multas, custas e emolumentos, gozando de absoluta prioridade.	Art. 102. . . . . § 3º Caso ainda não definida a paternidade, será deflagrado procedimento específico destinado à sua averiguação, conforme previsto pela Lei n. 8.560, de 29 de dezembro de 1992. § 4º Nas hipóteses previstas no § 3º deste artigo, é dispensável o ajuizamento de ação de investigação de paternidade pelo Ministério Público se, após o não comparecimento ou a recusa do suposto pai em assumir a paternidade a ele atribuída, a criança for encaminhada para adoção. (NR)

Art. 136. São atribuições do Conselho Tutelar: I — atender as crianças e adolescentes nas hipóteses previstas nos arts. 98 e 105, aplicando as medidas previstas no art. 101, I a VII; II — atender e aconselhar os pais ou responsável, aplicando as medidas previstas no art. 129, I a VII; III — promover a execução de suas decisões, podendo para tanto: a) requisitar serviços públicos nas áreas de saúde, educação, serviço social, previdência, trabalho e segurança; b) representar junto à autoridade judiciária nos casos de descumprimento injustificado de suas deliberações. IV — encaminhar ao Ministério Público notícia de fato que constitua infração administrativa ou penal contra os direitos da criança ou adolescente; V — encaminhar à autoridade judiciária os casos de sua competência; VI — providenciar a medida estabelecida pela autoridade judiciária, dentre as previstas no art. 101, de I a VI, para o adolescente autor de ato infracional; VII — expedir notificações; VIII — requisitar certidões de nascimento e de óbito de criança ou adolescente quando necessário; IX — assessorar o Poder Executivo local na elaboração da proposta orçamentária para planos e programas de atendimento dos direitos da criança e do adolescente; X — representar, em nome da pessoa e da família, contra a violação dos direitos previstos no art. 220, § 3º, inciso II, da Constituição Federal;	Art. 136. . . . .
XI — representar ao Ministério Público, para efeito das ações de perda ou suspensão do pátrio poder.	XI — representar ao Ministério Público para efeito das ações de perda ou suspensão do poder familiar, após esgotadas as possibilidades de manutenção da criança ou do adolescente junto à família natural. Parágrafo único. Se, no exercício de suas atribuições, o Conselho Tutelar entender necessário o afastamento do convívio familiar, comunicará incontinenti o fato ao Ministério Público, prestan-

	do-lhe informações sobre os motivos de tal entendimento e as providências tomadas para a orientação, o apoio e a promoção social da família.
Art. 152. Aos procedimentos regulados nesta Lei aplicam-se subsidiariamente as normas gerais previstas na legislação processual pertinente.	Art. 152. . . . . Parágrafo único. É assegurada, sob pena de responsabilidade, prioridade absoluta na tramitação dos processos e procedimentos previstos nesta Lei, assim como na execução dos atos e diligências judiciais a eles referentes.
Art. 153. Se a medida judicial a ser adotada não corresponder a procedimento previsto nesta ou em outra lei, a autoridade judiciária poderá investigar os fatos e ordenar de ofício as providências necessárias, ouvido o Ministério Público.	Art. 153. . . . . Parágrafo único. O disposto neste artigo não se aplica para o fim de afastamento da criança ou do adolescente de sua família de origem e em outros procedimentos necessariamente contenciosos.
Art. 161. Não sendo contestado o pedido, a autoridade judiciária dará vista dos autos ao Ministério Público, por cinco dias, salvo quando este for o requerente, decidindo em igual prazo. § 1º Havendo necessidade, a autoridade judiciária poderá determinar a realização de estudo social ou perícia por equipe interprofissional, bem como a oitiva de testemunhas. § 2º Se o pedido importar em modificação de guarda, será obrigatória, desde que possível e razoável, a oitiva da criança ou adolescente.	Art. 161. . . . . § 1º A autoridade judiciária, de ofício ou a requerimento das partes ou do Ministério Público, determinará a realização de estudo social ou perícia por equipe interprofissional ou multidisciplinar, bem como a oitiva de testemunhas que comprovem a presença de uma das causas de suspensão ou destituição do poder familiar previstas nos arts. 1.637 e 1.638 da Lei n. 10.406, de 10 de janeiro de 2002 — Código Civil, ou no art. 24 desta Lei. § 2º Em sendo os pais oriundos de comunidades indígenas, é ainda obrigatória a intervenção, junto à equipe profissional ou multidisciplinar referida no § 1º deste artigo, de representantes do órgão federal responsável pela política indigenista, observado o disposto no § 6º do art. 28 desta Lei. § 3º Se o pedido importar em modificação de guarda, será obrigatória, desde que possível e razoável, a oitiva da criança ou adolescente, respeitado seu estágio de desenvolvimento e grau de compreensão sobre as implicações da medida.

	§ 4º É obrigatória a oitiva dos pais sempre que esses forem identificados e estiverem em local conhecido.
Art. 163. A sentença que decretar a perda ou a suspensão do pátrio poder será averbada à margem do registro de nascimento da criança ou adolescente.	Art. 163. O prazo máximo para conclusão do procedimento será de 120 (cento e vinte) dias. Parágrafo único. A sentença que decretar a perda ou a suspensão do poder familiar será averbada à margem do registro de nascimento da criança ou do adolescente.
Art. 166. Se os pais forem falecidos, tiverem sido destituídos ou suspensos do pátrio poder, ou houverem aderido expressamente ao pedido de colocação em família substituta, este poderá ser formulado diretamente em cartório, em petição assinada pelos próprios requerentes. Parágrafo único. Na hipótese de concordância dos pais, eles serão ouvidos pela autoridade judiciária e pelo representante do Ministério Público, tomando-se por termo as declarações.	Art. 166. Se os pais forem falecidos, tiverem sido destituídos ou suspensos do poder familiar, ou houverem aderido expressamente ao pedido de colocação em família substituta, este poderá ser formulado diretamente em cartório, em petição assinada pelos próprios requerentes, dispensada a assistência de advogado. § 1º Na hipótese de concordância dos pais, esses serão ouvidos pela autoridade judiciária e pelo representante do Ministério Público, tomando-se por termo as declarações. § 2º O consentimento dos titulares do poder familiar será precedido de orientações e esclarecimentos prestados pela equipe interprofissional da Justiça da Infância e da Juventude, em especial, no caso de adoção, sobre a irrevogabilidade da medida. § 3º O consentimento dos titulares do poder familiar será colhido pela autoridade judiciária competente em audiência, presente o Ministério Público, garantida a livre manifestação de vontade e esgotados os esforços para manutenção da criança ou do adolescente na família natural ou extensa. § 4º O consentimento prestado por escrito não terá validade se não for ratificado na audiência a que se refere o § 3º deste artigo. § 5º O consentimento é retratável até a data da publicação da sentença constitutiva da adoção. § 6º O consentimento somente terá valor se for dado após o nascimento da criança. § 7º A família substituta receberá a devida orientação por intermédio de equipe técnica interprofissional a serviço do Poder Judiciário, preferencialmente com apoio dos técnicos responsáveis pela execução da política municipal de garantia do direito à convivência familiar. (NR)

Art. 167. A autoridade judiciária, de ofício ou a requerimento das partes ou do Ministério Público, determinará a realização de estudo social ou, se possível, perícia por equipe interprofissional, decidindo sobre a concessão de guarda provisória, bem como, no caso de adoção, sobre o estágio de convivência.	Art. 167. . . . . Parágrafo único. Deferida a concessão da guarda provisória ou do estágio de convivência, a criança ou o adolescente será entregue ao interessado, mediante termo de responsabilidade.
Art. 170. Concedida a guarda ou a tutela, observar-se-á o disposto no art. 32, e, quanto à adoção, o contido no art. 47.	Art. 170. . . . . Parágrafo único. A colocação de criança ou adolescente sob a guarda de pessoa inscrita em programa de acolhimento familiar será comunicada pela autoridade judiciária à entidade por este responsável no prazo máximo de 5 (cinco) dias.
Art. 197. Apresentada a defesa, a autoridade judiciária procederá na conformidade do artigo anterior, ou, sendo necessário, designará audiência de instrução e julgamento. Parágrafo único. Colhida a prova oral, manifestar-se-ão sucessivamente o Ministério Público e o procurador do requerido, pelo tempo de vinte minutos para cada um, prorrogável por mais dez, a critério da autoridade judiciária, que em seguida proferirá sentença.	
	Seção VIII — Da Habilitação de Pretendentes à Adoção Art. 197-A. Os postulantes à adoção, domiciliados no Brasil, apresentarão petição inicial na qual conste: I — qualificação completa; II — dados familiares; III — cópias autenticadas de certidão de nascimento ou casamento, ou declaração relativa ao período de união estável; IV — cópias da cédula de identidade e inscrição no Cadastro de Pessoas Físicas; V — comprovante de renda e domicílio; VI — atestados de sanidade física e mental; VII — certidão de antecedentes criminais; VIII — certidão negativa de distribuição cível.

Art. 197-B. A autoridade judiciária, no prazo de 48 (quarenta e oito) horas, dará vista dos autos ao Ministério Público, que no prazo de 5 (cinco) dias poderá:

I — apresentar quesitos a serem respondidos pela equipe interprofissional encarregada de elaborar o estudo técnico a que se refere o art. 197-C desta Lei;

II — requerer a designação de audiência para oitiva dos postulantes em juízo e testemunhas;

III — requerer a juntada de documentos complementares e a realização de outras diligências que entender necessárias.

Art. 197-C. Intervirá no feito, obrigatoriamente, equipe interprofissional a serviço da Justiça da Infância e da Juventude, que deverá elaborar estudo psicossocial, que conterá subsídios que permitam aferir a capacidade e o preparo dos postulantes para o exercício de uma paternidade ou maternidade responsável, à luz dos requisitos e princípios desta Lei.

§ 1º É obrigatória a participação dos postulantes em programa oferecido pela Justiça da Infância e da Juventude preferencialmente com apoio dos técnicos responsáveis pela execução da política municipal de garantia do direito à convivência familiar, que inclua preparação psicológica, orientação e estímulo à adoção inter-racial, de crianças maiores ou de adolescentes, com necessidades específicas de saúde ou com deficiências e de grupos de irmãos.

§ 2º Sempre que possível e recomendável, a etapa obrigatória da preparação referida no § 1º deste artigo incluirá o contato com crianças e adolescentes em regime de acolhimento familiar ou institucional em condições de serem adotados, a ser realizado sob a orientação, supervisão e avaliação da equipe técnica da Justiça da Infância e da Juventude, com o apoio dos técnicos responsáveis pelo programa de acolhimento familiar ou institucional e pela execução da política municipal de garantia do direito à convivência familiar.

Art. 197-D. Certificada nos autos a conclusão da participação no programa referido no art. 197-C desta Lei, a autoridade judiciária, no prazo de 48 (quarenta e oito) horas, decidirá acerca das diligências requeridas pelo Ministério Público e determinará a juntada do estudo psicossocial, designando, conforme o caso, audiência de instrução e julgamento.

Parágrafo único. Caso não sejam requeridas diligências, ou sendo essas indeferidas, a autoridade judiciária determinará a juntada do estudo psicossocial, abrindo a seguir vista dos autos ao Ministério Público, por 5 (cinco) dias, decidindo em igual prazo.

Art. 197-E. Deferida a habilitação, o postulante será inscrito nos cadastros referidos no art. 50 desta Lei, sendo a sua convocação para a adoção feita de acordo com ordem cronológica de habilitação e conforme a disponibilidade de crianças ou adolescentes adotáveis.

§ 1º A ordem cronológica das habilitações somente poderá deixar de ser observada pela autoridade judiciária nas hipóteses previstas no § 13 do art. 50 desta Lei, quando comprovado ser essa a melhor solução no interesse do adotando.

§ 2º A recusa sistemática na adoção das crianças ou adolescentes indicados importará na reavaliação da habilitação concedida.

Art. 199. Contra as decisões proferidas com base no art. 149 caberá recurso de apelação.

Art. 199-A. A sentença que deferir a adoção produz efeito desde logo, embora sujeita a apelação, que será recebida exclusivamente no efeito devolutivo, salvo se se tratar de adoção internacional ou se houver perigo de dano irreparável ou de difícil reparação ao adotando.

Art. 199-B. A sentença que destituir ambos ou qualquer dos genitores do poder familiar fica sujeita a apelação, que deverá ser recebida apenas no efeito devolutivo.

Art. 199-C. Os recursos nos procedimentos de adoção e de destituição de poder familiar, em face da relevância das questões, serão processados com prioridade absoluta, devendo ser imediatamente distribuídos, ficando vedado que aguardem, em qualquer situação, oportuna distribuição, e serão colocados em mesa para julgamento sem revisão e com parecer urgente do Ministério Público.

Art. 199-D. O relator deverá colocar o processo em mesa para julgamento no prazo máximo de 60 (sessenta) dias, contado da sua conclusão.

Parágrafo único. O Ministério Público será intimado da data do julgamento e poderá na sessão, se entender necessário, apresentar oralmente seu parecer.

	Art. 199-E. O Ministério Público poderá requerer a instauração de procedimento para apuração de responsabilidades se constatar o descumprimento das providências e do prazo previstos nos artigos anteriores.
Art. 208. Regem-se pelas disposições desta Lei as ações de responsabilidade por ofensa aos direitos assegurados à criança e ao adolescente, referentes ao não oferecimento ou oferta irregular: I — do ensino obrigatório; II — de atendimento educacional especializado aos portadores de deficiência; III — de atendimento em creche e pré-escola às crianças de zero a seis anos de idade; IV — de ensino noturno regular, adequado às condições do educando; V — de programas suplementares de oferta de material didático-escolar, transporte e assistência à saúde do educando do ensino fundamental; VI — de serviço de assistência social visando à proteção à família, à maternidade, à infância e à adolescência, bem como ao amparo às crianças e adolescentes que dele necessitem; VII — de acesso às ações e serviços de saúde; VIII — de escolarização e profissionalização dos adolescentes privados de liberdade. § 1º As hipóteses previstas neste artigo não excluem da proteção judicial outros interesses individuais, difusos ou coletivos, próprios da infância e da adolescência, protegidos pela Constituição e pela Lei. § 2º A investigação do desaparecimento de crianças ou adolescentes será realizada imediatamente após notificação aos órgãos competentes, que deverão comunicar o fato aos portos, aeroportos, Polícia Rodoviária e companhias de transporte interestaduais e internacionais, fornecendo-lhes todos os dados necessários à identificação do desaparecido.	Art. 208. . . . . IX — de ações, serviços e programas de orientação, apoio e promoção social de famílias e destinados ao pleno exercício do direito à convivência familiar por crianças e adolescentes.
Art. 258. Deixar o responsável pelo estabelecimento ou o empresário de observar o que dispõe esta Lei sobre o acesso de criança ou adolescente aos locais de diversão, ou sobre sua participação no espetáculo:	Art. 258. . . . .

	Pena — multa de três a vinte salários de referência; em caso de reincidência, a autoridade judiciária poderá determinar o fechamento do estabelecimento por até quinze dias.
	Art. 258-A. Deixar a autoridade competente de providenciar a instalação e operacionalização dos cadastros previstos no art. 50 e no § 11 do art. 101 desta Lei: Pena — multa de R$ 1.000,00 (mil reais) a R$ 3.000,00 (três mil reais). Parágrafo único. Incorre nas mesmas penas a autoridade que deixa de efetuar o cadastramento de crianças e de adolescentes em condições de serem adotadas, de pessoas ou casais habilitados à adoção e de crianças e adolescentes em regime de acolhimento institucional ou familiar. Art. 258-B. Deixar o médico, enfermeiro ou dirigente de estabelecimento de atenção à saúde de gestante de efetuar imediato encaminhamento à autoridade judiciária de caso de que tenha conhecimento de mãe ou gestante interessada em entregar seu filho para adoção: Pena — multa de R$ 1.000,00 (mil reais) a R$ 3.000,00 (três mil reais). Parágrafo único. Incorre na mesma pena o funcionário de programa oficial ou comunitário destinado à garantia do direito à convivência familiar que deixa de efetuar a comunicação referida no *caput* deste artigo.
Art. 260. Os contribuintes poderão deduzir do imposto devido, na declaração do Imposto sobre a Renda, o total das doações feitas aos Fundos dos Direitos da Criança e do Adolescente — nacional, estaduais ou municipais — devidamente comprovadas, obedecidos os limites estabelecidos em Decreto do Presidente da República. I — limite de 10% (dez por cento) da renda bruta para pessoa física; II — limite de 5% (cinco por cento) da renda bruta para pessoa jurídica.	Art. 260. . . . . § 1º-A. Na definição das prioridades a serem atendidas com os recursos captados pelos Fundos Nacional, Estaduais e Municipais dos Direitos da Criança e do Adolescente, serão consideradas as disposições do Plano Nacional de Promoção, Pro-

	teção e Defesa dos Direitos de Crianças e Adolescentes à Convivência Familiar, bem como as regras e princípios relativos à garantia do direito à convivência familiar previstos nesta Lei.
§ 2º Os Conselhos Municipais, Estaduais e Nacional dos Direitos da Criança e do Adolescente fixarão critérios de utilização, através de planos de aplicação das doações subsidiadas e demais receitas, aplicando necessariamente percentual para incentivo ao acolhimento, sob a forma de guarda, de criança ou adolescente, órfãos ou abandonado, na forma do disposto no art. 227, § 3º, VI, da Constituição Federal. § 3º O Departamento da Receita Federal, do Ministério da Economia, Fazenda e Planejamento, regulamentará a comprovação das doações feitas aos fundos, nos termos deste artigo. § 4º O Ministério Público determinará em cada comarca a forma de fiscalização da aplicação, pelo Fundo Municipal dos Direitos da Criança e do Adolescente, dos incentivos fiscais referidos neste artigo.	
	§ 5º A destinação de recursos provenientes dos fundos mencionados neste artigo não desobriga os Entes Federados à previsão, no orçamento dos respectivos órgãos encarregados da execução das políticas públicas de assistência social, educação e saúde, dos recursos necessários à implementação das ações, serviços e programas de atendimento a crianças, adolescentes e famílias, em respeito ao princípio da prioridade absoluta estabelecido pelo *caput* do art. 227 da Constituição Federal e pelo *caput* e parágrafo único do art. 4º desta Lei. (NR) Art. 3º da Lei n. 12.010/09. A expressão "pátrio poder" contida nos arts. 21, 23, 24, no parágrafo único do art. 36, no § 1º do art. 45, no art. 49, no inciso X do *caput* do art. 129, nas alíneas "b" e "d" do parágrafo único do art. 148, nos arts. 155, 157, 163, 166, 169, no inciso III do *caput* do art. 201 e no art. 249, todos da Lei n. 8.069, de 13 de julho de 1990, bem como na Seção II do Capítulo III do Título VI da Parte Especial do mesmo Diploma Legal, fica substituída pela expressão "poder familiar".

PARTE IV

Roteiro de procedimentos para adoção

1. Procedimento para inscrição no cadastro de pessoas domiciliadas no Brasil, interessadas na adoção

Requerimento para inscrição do postulante (ECA, art. 197-A)
Petição inicial contendo:
I — qualificação completa;
II — dados familiares;
III — cópias autenticadas de certidão de nascimento ou casamento, ou declaração relativa ao período de união estável;
IV — cópias da cédula de identidade e inscrição no Cadastro de Pessoas Físicas;
V — comprovante de renda e domicílio;
VI — atestados de sanidade física e mental;
VII — certidão de antecedentes criminais;
VIII — certidão negativa de distribuição cível.

Manifestação do Ministério Público
ECA, art. 197-B — prazo 5 dias.

Não há necessidade de advogado

Avaliação pelo serviço técnico
estudo social e psicológico
ECA, art. 197-C

Participação obrigatória dos postulantes em programa oferecido pelo Juizado para preparação à adoção (ECA, art. 197-C, § 1º).

Programa que deve conter a análise de temas como: a) motivação da adoção; b) revelação; c) desenvolvimento da criança; d) adoção e o contexto social; e) aspectos jurídicos do processo de adoção; f) preconceito, entre outros.

Realização de diligências e juntada documentos e certidões, caso sejam requeridas. Prazo 48 horas (ECA, art. 197-D)

Sempre que possível e recomendável, a preparação incluirá contato com a criança disponível para adoção.

Vista ao Ministério Público após a realização das diligências e juntada do estudo psicossocial — ECA., art. 197-D

Apreciação do pedido pelo juiz (ECA, art. 197-D, § 1º).
Deferido: inscrição do pretendente
Indeferido: recurso de apelação para o Tribunal

2. Procedimento para inscrição no cadastro de pessoas e casais residentes fora do Brasil e interessados na adoção

O interessado em adotar criança ou adolescente brasileiro deverá formular pedido de habilitação à adoção perante a Autoridade Central em matéria de adoção internacional no país de acolhida (ECA, art. 52, I).

A Autoridade Central do país de acolhida emitirá um relatório que contenha informações sobre a identidade, a capacidade jurídica e adequação dos solicitantes para adotar, sua situação pessoal, familiar e médica, seu meio social, os motivos que os animam e sua aptidão para assumir uma adoção internacional — relatório psicossocial (ECA, art. 52, II).

A Autoridade Central do país de acolhida enviará o relatório à AUTORIDADE CENTRAL ESTADUAL, com cópia para a Autoridade Central Federal Brasileira (ECA, art. 52, III).

A AUTORIDADE CENTRAL ESTADUAL poderá fazer exigências e solicitar complementação sobre o estudo psicossocial do postulante estrangeiro à adoção (ECA, art. 52, VI).

O relatório deverá ser instruído com a cópia do estudo psicossocial e legislação pertinente, acompanhada da respectiva prova de vigência.

Os documentos em língua estrangeira serão autenticados pela autoridade consular, acompanhados da respectiva tradução, por tradutor público juramentado.

AUTORIDADE CENTRAL ESTADUAL — verificará a compatibilidade da legislação estrangeira com a nacional, e o preenchimento por parte dos postulantes dos requisitos objetivos e subjetivos da adoção — Emitirá laudo de habilitação à adoção internacional. Validade por, no máximo, 01 (um) ano, podendo ser renovada (ECA, art. 52, VII).

Com o laudo de habilitação, o interessado poderá formalizar pedido de adoção perante o Juízo da Infância e da Juventude do local em que se encontra a criança ou adolescente (art. 52, VIII).

3. Adoção de menor de 18 anos por brasileiros ou estrangeiros residentes no Brasil (excepcionalmente de 18 a 21 anos de idade)

3.1 — Procedimento relativo à colocação em família substituta — adoção — nas hipóteses do artigo 166 do ECA — pais desconhecidos, falecidos, destituídos do poder familiar ou que concordem com o pedido de adoção

Dispensada a assistência de advogado

PETIÇÃO INICIAL
Ministério Público ou quem tenha legítimo interesse.
Requisitos (ECA, art. 165; CPC, art. 282).
Diretamente em cartório — assinada pelos próprios interessados (ECA, art. 166).

AUTORIDADE JUDICIÁRIA. — JUIZ DA INFÂNCIA E DA JUVENTUDE
Estágio de convivência — ECA, art. 46.
Análise da guarda provisória aos requerentes — 167 e parágrafo único.
Oitiva dos pais — ECA, 166, § 1º.
Oitiva da criança e/ou adolescente — ECA, art. 28, § 1º e 2º, 45, § 2º e 168.

Consentimento dos pais — art. 166, §§ 2 a 6.

- A oitiva e o consentimento dos titulares do poder familiar serão precedidos de orientações e esclarecimentos prestados pela equipe interprofissional
- O consentimento será colhido pela autoridade judiciária competente em audiência, presente o Ministério Público
- A concordância prestada por escrito não terá validade se não for ratificado na audiência judicial
- O consentimento é retratável até a data da publicação da sentença constitutiva da adoção e somente terá valor se for dado após o nascimento da criança

REALIZAÇÃO DE ESTUDO SOCIAL OU PERÍCIA
ECA, art. 167.

MINISTÉRIO PÚBLICO — ECA, art. 168 — 5 dias

SENTENÇA
Prazo: 5 dias — ECA, art. 168
Averbada no registro de nascimento — ECA, art. 47
(a pedido do adotante no Cartório do município de sua residência — art. 47, par. 3º).
Alteração do nome e prenome do adotado —
ECA, 47, § 5º e 6º.

RECURSO DA SENTENÇA

- Apelação (com as razões) — Prazo: 10 dias — art. 198, II
- Efeitos: regra geral: devolutivo. Exceção: suspensivo, quando houver perigo de dano irreparável ou de difícil reparação. ECA, 198, VI e 199-A
- Devem ser processados com prioridade — art. 199, C
- Juízo de retratação: ECA, art. 198, VII

3.2 Procedimento relativo à adoção cumulada com a perda do poder familiar — hipótese de pais biológicos que não concordam com o pedido de adoção ou que estejam em local ignorado (arts. 155-163 e 165-170)

PETIÇÃO INICIAL
Ministério Público ou quem tenha legítimo interesse — ECA, art. 155.
Requisitos — ECA, arts. 156/165 . CPC., art. 282.
Há necessidade de advogado

AUTORIDADE JUDICIÁRIA.
Estágio de convivência (ECA, art. 46)
Análise da guarda provisória aos requerentes (ECA, art. 167)
Suspensão liminar do poder familiar, ouvido o Ministério Público (ECA, art. 157).
Citação — ECA, art. 158 — 10 dias para oferecer resposta

CONTESTAÇÃO — ECA, art. 162.

MINISTÉRIO PÚBLICO — 5 dias — ECA, art. 162.
Manifestação, com ou sem contestação

INSTRUÇÃO PROBATÓRIA — Realização de estudo social ou perícia por equipe interprofissional — ECA, art. 162, § 1º produção de prova testemunhal — ECA, art. 162, § 1º
Oitiva dos pais — ECA, art. 161, § 4º
Oitiva da criança/adolescente — ECA, arts. 28, § 1º e 2º — 45, § 2º — 161, § 3º
Alegações finais — ECA, art. 162, § 2º.

No caso de pais oriundos de comunidade indígena é obrigatória a intervenção do órgão federal responsável pela política indigenista (ECA, 161, § 2º).

SENTENÇA
Na audiência, ou no máximo em 5 dias (ECA, art. 162).
Averbada no registro de nascimento (art. 163, parágrafo único).
Alteração do nome e prenome do adotado (ECA, 47, §§ 5º e 6º).

Prazo máximo para a conclusão do procedimento: 120 dias (ECA, art. 163).

RECURSO DA SENTENÇA
Apelação (com as razões) — Prazo: 10 dias (ECA, art. 198, II).
Efeitos: regra geral: devolutivo. Exceção: suspensivo, quando houver perigo de dano irreparável ou de difícil reparação (ECA, art. 199-A).
Juízo de retratação (ECA, art. 198, VII).

4. Adoção de menor de 18 anos por estrangeiro ou brasileiro residente no exterior (excepcionalmente de 18 a 21 anos de idade)

Segue o mesmo procedimento já traçado nos roteiros anteriores, com as seguintes peculiaridades:

PETIÇÃO INICIAL — instruída com:
a) certidão de inscrição na comissão estadual judiciária de adoção (ECA, art. 52, VIII);
b) documento que comprove estar habilitado no país de origem;
c) estudo psicossocial elaborado no país de origem.

AUTORIDADE JUDICIÁRIA
Deliberar sobre o estágio de convivência —
(ECA, art. 46, § 3º) — mínimo de 30 dias.

RECURSO DA SENTENÇA
Apelação (com as razões) —
Prazo: 10 dias (ECA, art. 198, II).
Efeitos: devolutivo e suspensivo (ECA, 199-A).
Juízo de retratação (ECA, art. 198, VII)

PARTE V

Legislação

1. Lei n. 3.133, de 8 de maio de 1957

Art. 1º Os artigos 368, 369, 372, 374 e 377 do Capítulo V — Da Adoção — do Código Civil, passarão a ter a seguinte redação: Art. 368. Só os maiores de 30 (trinta) anos podem adotar. Parágrafo único. Ninguém pode adotar, sendo casado, senão decorridos 5 (cinco) anos após o casamento. Art. 369. O adotante há de ser, pelo menos, 16 (dezesseis) anos mais velho que o adotado. Art. 372. Não se pode adotar sem o consentimento do adotado ou de seu representante legal se fôr incapaz ou nascituro. Art. 374. Também se dissolve o vínculo da adoção: I. Quando as duas partes convierem. II. Nos casos em que é admitida a deserdação. Art. 377. Quando o adotante tiver filhos legítimos, legitimados ou reconhecidos, a relação de adoção não envolve a de sucessão hereditária.

Art. 2º No ato da adoção serão declarados quais os apelidos da família que passará a usar o adotado. Parágrafo único. O adotado poderá formar seus apelidos conservando os dos pais de sangue; ou acrescentando os do adotante; ou, ainda, sòmente os do adotante, com exclusão dos apelidos dos pais de sangue.

Art. 3º Esta lei entrará em vigor na data de sua publicação, revogadas as disposições em contrário.

Rio de Janeiro, 8 de maio de 1957; 136º da Independência e 69º da República. Juscelino Kubitschek. José Carlos de Macedo Soares

2. Lei n. 4.655, de 2 de junho de 1965. *Dispõe sôbre a legitimidade adotiva*

O PRESIDENTE DA REPÚBLICA, faço saber que o Congresso Nacional decreta e eu sanciono a seguinte Lei:

Art. 1º É permitida a legitimação do infante exposto, cujos pais sejam desconhecidos ou hajam declarado por escrito que pôde ser dado, bem como do menor abandonado pròpriamente dito até 7 (sete) anos de idade, cujos pais tenham sido destituídos do pátrio poder; do órgão da mesma idade, não reclamando por qualquer parente por mais de um ano; e, ainda, do filho natural reconhecido apenas pela mãe, impossibilitado de prover a sua criação. **§ 1º** Será também permitida a legitimação adotiva, em favor do menor, com mais de 7 (sete) anos, quando à época em que completou essa idade, já se achava sob a guarda dos legitimantes, mesmo que êstes não preenchessem então as condições exigidas. **§ 2º** A legitimação só será deferida após um período mínimo de 3 (três) anos de guarda do menor pelos requerentes. Para êsse efeito, será computado qualquer período de tempo, desde que a guarda se tenha iniciado antes de completar o menor de 7 (sete) anos.

Art. 2º Sòmente poderão solicitar a legitimação adotiva dos menores referidos no artigo anterior os casais cujo matrimônio tenha mais de 5 (cinco) anos e dos quais pelo menos um dos cônsules tenha mais de 30 (trinta) anos de idade, sem filhos legítimos, legitimados ou naturais reconhecidos. Parágrafo único. Será dispensado o prazo de 5 (cinco) anos de matrimônio provada a esterilidade de um dos cônsules, por perícia médica, e a estabilidade conjugal.

Art. 3º Autorizar-se-á, excepcionalmente, a legitimação ao viúvo, ou viúva, com mais de 35 (trinta e cinco) anos de idade, provado que o menor esteja integrado em seu lar e onde viva há mais de 5 (cinco) anos.

Art. 4º Os cônjuges desquitados, havendo começado a guarda do menor, no período de prova, na constância do matrimônio, e concordando sôbre ela após a terminação da sociedade conjugal, podem requerer a legitimação, obedecido, quanto à guarda e proteção, o disposto nos arts. 325, 326 e 327, do Código Civil.

Art. 5º Com a petição serão oferecidos certidão de casamento, atestado de residência, fôlha de antecedentes, prova de idoneidade moral e financeira, atestado de inexistência de filhos prova de abandono do menor e destituição do pátrio poder, bem como atestado de sanidade física, provando que nenhum dos requerentes sofre de moléstia contagiosa. **§ 1º** O Juiz, tendo em vista as conveniências do menor, o seu futuro e bem-estar, ordenará, de ofício ou a requerimento do Ministério Público, as diligências e sindicâncias que julgar necessárias, correndo, contudo o processo em segrêdo de justiça. **§ 2º** Feita a prova e concluídas as diligências, o Juiz, ouvido o Ministério Público, proferirá sentença da qual caberá recurso de reexame para o Tribunal de Justiça, com efeito suspensivo.

Art. 6º A sentença deferindo a legitimação terá efeitos constitutivos devendo ser inscrita, mediante mandando no Registro Civil, como se se tratasse de registro fora do prazo, no qual se consignará os nomes dos pais adotivos como pais legítimos e os nomes dos ascendentes dos mesmos. O mandado será arquivado, dêle não podendo o oficial fornecer certidões. **§ 1º** Nas certidões do registro nenhuma observação poderá constar sôbre a origem do ato. **§ 2º** O registro original do menor será anulado, também por mandando do Juiz, o qual será arquivado [VETADO]. **§ 3º** Feita a inscrição, cessam os vínculos da filiação anterior, salvo para os efeitos do art. 183 do Código Civil.

Art. 7º A legitimação adotiva é irrevogável, ainda que aos adotantes venham a nascer filhos legítimos, aos quais estão equiparados aos legitimados adotivos, com os mesmos direitos e deveres estabelecidos em lei.

Art. 8º A violação do segrêdo estabelecido neste capítulo, salvo decisão judicial, sujeitará o funcionário responsável às penas do art. 325 do Código Penal.

Parágrafo único. [VETADO] A critério do Juiz, para salvaguarda de direitos [VETADO] poderão ser fornecidas certidões [VETADO].

Art. 9º O legitimado adotivo tem os mesmos direitos e deveres do filho legítimo, salvo no caso de sucessão, se concorrer com filho legítimo superveniente à adoção (CC, § 2º, do art. 1.605). **§ 1º** O vínculo da adoção se estende à família dos legitimantes, quando os seus ascendentes derem adesão ao ato que o consagrou. **§ 2º** Com a adoção, cessam os direitos e obrigações oriundos, da relação de parentesco do adotado com a família de origem.

Art. 10. A decisão confere ao menor o nome do legitimante e pode determinar a modificação do seu pré nome, a pedido dos cônjuges.

Art. 11. Esta lei entra em vigor na data de sua publicação.

Art. 12. Revogam-se as disposições em contrário.

Brasília, 2 de junho de 1965; 144º da Independência e 77º da República. H. Castello Branco. Milton Campos.

Referências bibliográficas

AOKI, Luiz Paulo. In: CURY, Munir; SILVA; Antonio Fernando do Amaral; MÉNDEZ, Emílio Garcia (Coords.). *Estatuto da Criança e do Adolescente comentado.* São Paulo: Malheiros, 1992.

AZEVEDO, Luiz Carlos de. Estudo social e perícia. In: CURY, Munir et al. (Coords.). *Estatuto da Criança e do Adolescente comentado.* São Paulo: Malheiros, 1992.

BECKER, Maria Josefina. In: CURY, Munir; SILVA; Antonio Fernando do Amaral; MÉNDEZ, Emílio Garcia (Coords.). *Estatuto da Criança e do Adolescente comentado.* São Paulo: Malheiros, 1992.

BRASIL. Constituição [1988]. *Constituição da República Federativa do Brasil*: promulgada em 5 de outubro de 1988. 24. ed. São Paulo: Saraiva, 2000. (Col. Saraiva de Legislação.)

______. *Estatuto da Criança e do Adolescente*: promulgado em 13 de julho de 1990. 9. ed. São Paulo: Saraiva, 1999. (Col. Saraiva de Legislação.)

______. *Orientações técnicas*: Serviço de Acolhimento para Crianças e Adolescentes. Brasília. 2009.

CAMPOS, Niva Maria Vasques. *Adoção tardia*: características do estágio de convivência. Consulta realizada em novembro de 2009. Disponível em: <http://www.tjdft.jus.br/trib/vij/docVij/artigos/AdocTardia.pdf>. Acesso em: fev. 2010.

CARVALHO FILHO, Milton Paulo de. In: PELUSO, Cezar (Coord.) *Código Civil comentado*. São Paulo: Manole, 2008.

CARVALHO, Francisco Pereira de Bulhões. *Direito do menor.* Rio de Janeiro: Forense, 1977.

CARVALHO, Reinaldo Cintra Torres. Parecer n. 193/04-J. Corregedoria Geral de Justiça do Tribunal de Justiça do Estado de São Paulo. *Diário Oficial*, 14 abr. 2004, Caderno 1, Parte 1.

CURY, Munir et al. (Coords.). *Estatuto da Criança e do Adolescente comentado*. São Paulo: Malheiros, 1992.

DIAS, Maria Berenice. *Adoção e a espera do amor*. Disponível em: <www.mariaberenice.com.br>. Acesso em: mar. 2010.

DINIZ, Maria Helena. *Curso de Direito Civil brasileiro*: Direito de família. 24. ed. São Paulo: Saraiva, 2009. v. 5.

EBRAHIM, Surama Gusmão. Adoção tardia: altruísmo, maturidade e estabilidade emocional. *Psicol. Reflex. Crítica*, Porto Alegre, v. 14, 2001. Disponível em: <http://www.scielo.br/scielo.php>. Acesso em: mar. 2010.

FERRAZ, Antonio Augusto Mello de Camargo; GUIMARÃES JÚNIOR, João Lopes. À necessária elaboração de uma nova doutrina de Ministério Público, compatível com seu atual perfil constitucional. In: FERRAZ, Antonio Augusto Mello de Camargo. *Ministério Público e afirmação da cidadania*. São Paulo: Ed. Pelo Autor, 1997. p. 72-85.

FERREIRA, L. A. M. *O Estatuto da Criança e do Adolescente e o professor*: reflexos na sua formação e a atuação. São Paulo: Cortez, 2008.

______. *Direitos fundamentais da criança e do adolescente*. São Paulo: APMP, 2008.

______. O promotor de justiça social. *Infância e cidadania*, São Paulo. InorAdorpt, 2000.

______. *Grupo de orientação à adoção e a participação do promotor de justiça*. Relato de experiência. Disponível em: <www.pjpp.sp.gov.br>. Acesso em: fev. 2010.

______. *A destituição do poder familiar pelo abandono*. Disponível em: <www.pjpp.sp.gov.br>. Acesso em: fev. 2010.

______. *O promotor de justiça frente à institucionalização de criança e adolescente em entidade de abrigo e a destituição do poder familiar*. Disponível em: <www.pjpp.sp.gov.br>. Acesso em: fev. 2010.

______. *Aspectos jurídicos da intervenção social e psicológica no processo de adoção*. Disponível em: <www.mp.sp.gov.br>. Acesso em: fev. 2010.

FERREIRA, Márcia Regina Porto; CARVALHO, Sônia Regina. *1º guia de adoção de crianças e adolescentes do Brasil.* São Paulo: Wimmers Editorial, 2000.

GESSE, Eduardo. Adoção nacional de menores regulada pelo Estatuto da Criança e do Adolescente alterada pela Lei n. 12.010/09. *Revista Lex de Direito Brasileiro*, São Paulo, v. 44, p. 169, mar./abr. 2010.

KUSANO, Sueli Mitie. *A adoção intuitu personae.* Tese (Doutorado) — Pontifícia Universidade Católica, São Paulo, 2006. Disponível em: <http://www.sapientia.pucsp.br//tde_busca/arquivo.php?codArquivo=2323>. Acesso em: dez. 2009.

LEITE, Eduardo de Oliveira. *Famílias monoparentais.* São Paulo: Revista dos Tribunais, 1977.

MAZZILLI, Hugo Nigro. Ministério Público e a defesa do regime democrático. In: VIGLIAR, José Marcelo Menezes; MACEDO JÚNIOR, Ronaldo Porto (Coords.). *Ministério Público II*: democracia. São Paulo: Atlas, 1999. p. 88-102.

MELLO JÚNIOR, Samuel Alves de. Considerações sobre a inibição do pátrio poder, colocação em família substituta e competência no Estatuto da Criança e do Adolescente. In: PACHI, Carlos Eduardo et al. *Infância e cidadania.* São Paulo: Scrinium, 1998.

MELO, Nehemias Domingos. *União estável*: conceito, alimentos e dissolução, 2005. Disponível em: <http://www.boletimjuridico.com.br/doutrina/texto.asp?id=696>. Acesso em: dez. 2009.

MOTTA, Maria Antonieta Pisano. Adoção: algumas contribuições psicanalíticas. In: *Direito de família e ciências humanas.* São Paulo: Jurídica Brasileira, 2000. p. 136. (Cadernos de Estudos, n. 1.)

PACHI, Carlos Eduardo. In: CURY, Munir; SILVA; Antonio Fernando do Amaral; MÉNDEZ, Emílio Garcia (Coords.). *Estatuto da Criança e do Adolescente comentado.* São Paulo: Malheiros, 2005.

______. A atuação do setor técnico junto às Varas da Infância e Juventude. In: CURY, Munir (Org.). *Infância e cidadania.* São Paulo: InorAdopt, 1998. v. 2.

PEREIRA, Tânia da Silva. *Direito da criança e do adolescente*: uma proposta interdisciplinar. Rio de Janeiro: Renovar, 1996.

RODRIGUES, Silvio. *Direito civil.* 27. ed. atualizada por Francisco José Cahali. São Paulo: Saraiva, 2002. v. 6.

RUFINO, Silvana da Silva. *No elos de uma filiação multirracial*: a adoção inter-racial nos limiares da educação intercultural. Dissertação (Mestrado em Serviço Social) — Universidade Federal de Santa Catarina, Florianópolis, 2003.

SALLES, Carlos Alberto. Entre a razão e a utopia: a formação história do Ministério Público. In: VIGLIAR, José Marcelo Menezes; MACEDO JÚNIOR, Ronaldo Porto (Coords.). *Ministério Público II*: democracia. São Paulo: Atlas, 1999. p. 13-41.

SANTOS, Ernane Fidelis. *Comentários ao Código de Processo Civil*. Rio de Janeiro: Forense, 1980. v. 3.

SÊDA, Edson. *Construir o passado*. São Paulo: Malheiros, 1993.

SILVA FILHO, Artur Marques. *Adoção*. 2. ed. São Paulo: Revista dos Tribunais, 2009.

SILVA, José Luiz Mônaco. *A adoção póstuma e a prévia existência de procedimento judicial*. Consulta realizada em outubro de 2009. Disponível em: <http://www.mp.sp.gov.br/portal/page/portal/cao_infancia_juventude/doutrina/doutrinas_artigos/Adocao.doc>. Acesso em: fev. 2010.

TAVARES, José de Farias. *Direito da Infância e da Juventude*. Belo Horizonte: Del Rey, 2001.

VARGAS, Marlizete Maldonado. *Adoção tardia*: da família sonhada à família possível. São Paulo: Casa do Psicólogo, 1998.

VERONESE, Josiane Rose Petry. *Temas de direito da criança e do adolescente*. São Paulo: LTr, 1997.

______. *Os direitos da criança e do adolescente*. São Paulo: LTr, 1999.

VIGLIAR, José Marcelo Menezes; MACEDO JÚNIOR, Ronaldo Porto (Coords.). *Ministério Público II*: democracia. São Paulo: Atlas, 1999.